華大博雅 出版基金
华中师范大学出版基金丛书
学术著作系列

JIAOXUE SHIPIN ZHONG
QIANQIAN WENTI YU FANKUI
DUI XUEXI DE YINGXIANG YANJIU

本书为2021年湖北省社会科学基金一般项目
(项目编号2021328) 成果

教学视频中前嵌问题与反馈对学习的影响研究

谢耀辉 著

CBJJ

華中師範大學出版社

新出图证（鄂）字 10 号
图书在版编目（CIP）数据

教学视频中前嵌问题与反馈对学习的影响研究/谢耀辉著. —武汉：华中师范大学出版社，2022.6
ISBN 978-7-5622-9822-9

Ⅰ. ①教… Ⅱ. ①谢… Ⅲ. ①多媒体教学—教学研究 Ⅳ. ①G434

中国版本图书馆 CIP 数据核字（2022）第 103709 号

教学视频中前嵌问题与反馈对学习的影响研究

编辑室：综合编辑室 **电话**：027-67867370
责任编辑：罗 挺 **责任校对**：王 胜 **封面设计**：罗明波
出版发行：华中师范大学出版社有限责任公司
社址：湖北省武汉市洪山区珞喻路 152 号 **邮编**：430079
电话：027-67861549
网址：http://press.ccnu.edu.cn **电子邮箱**：press@mail.ccnu.edu.cn
印刷：武汉市洪林印务有限公司 **督印**：刘 敏
开本：710mm×1000mm 1/16 **印张**：11 **字数**：200 千字
版次：2022 年 6 月第 1 版 **印次**：2022 年 6 月第 1 次印刷
定价：58.00 元

欢迎上网查询、购书

前　言

教学视频以多通道展示教学内容的特征，成为教育信息化时代背景下一种主要的教学资源形式。据统计，截至2017年，全球有约800所大学参与建设了约9400门MOOC课程。然而，通过对MOOC中学习者的在线学习行为分析发现，MOOC的课程完成率不到6%，且他们平均观看视频的时间不超过6分钟。因此，如何提高教学视频的教学效果日益成为研究的焦点。在传统教学活动中以问题为导入，被认为是一种有效的教学策略，那么这一教学策略在教学视频中，是否也能同样取得较好的教学效果，且对于不同的先前知识经验水平学习者、不同学习动机水平学习者的效果是否相同，是本书主要关注的问题。

本书第一章绪论部分主要阐述研究的问题与研究意义、国内外研究现状及研究的总体设计。教学视频以多通道展示教学内容的特征，成为教育信息化时代背景下一种主要的教学资源形式；MOOC、翻转课程的出现及传播，促进了教学视频在课堂教学中的运用；嵌入问题的教学视频因其独特的作用越来越受到研究者的关注，但相关研究仍有较大的完善空间。因此，研究教学视频中嵌入问题对学习效果的影响具有较大的理论意义和实践意义。本书系统梳理国内外有关该主题的研究成果并以此为逻辑起点，主要探究教学视频中前嵌问题与反馈对学习的影响，并试图探究教学视频对不同先前知识经验水平的学习者是否存在经验反转效应、学习动机对学习者的学习是否具有调节作用，以此为基本思路设计了四个研究实验。

本书第二章首先通过对教学视频的交互形式、教学视频中嵌入问题对学习的影响及教学视频中问题效应的潜在边界条件的综述和分析，确定相关研究问题。然后，以建构主义学习理论、思维型教学理论、多媒体学习理论和认知冲突理论等为依据，采用行为研究方法探究教学视频中前嵌问题及其反馈对学习者学习的影响，并分别探究不同先前知识经验水平和学习动机水平的交互作用。同时，运用眼动追踪技术，探究教学视频前嵌问题及其反馈对学习者在学习过程中的注意力分配和学习效果的影响。最后，通过将依据研究结论所开发的教学视频应用于真实的视频课程教学实践，以检验研究结论在教学实践中的有效性。

本书第三章主要考察教学视频中嵌入问题及其反馈对学习者学习效果的影响，并揭示其认知机制。通过发布网络公告从武汉市某一高校随机招募90名大学生作为实验被试，随机将所有被试分成三组。采用单因素被试间设计，每个被试需要独立完成一个视频学习任务和相关测验，共有三种视频类型：无嵌入问题、前嵌问题但无反馈和前嵌问题且有反馈。运用眼动追踪技术探究被试视频学习过程中的注意力分配，并通过纸笔测验考察被试的学习效果，眼动实验结束后立即进行短期学习效果测验，45天后进行长期学习效果测验。结果显示，教学视频中前嵌问题但不提供反馈无论是在短期效果还是长期效果上，均能有效提高学习者的学习效果；此外，这种类型的教学视频还提高了学习者对所学教学内容的注意程度。

本书第四章进一步探究先前知识经验水平和教学视频中嵌入问题及其反馈对学习者学习的影响中是否存在经验反转效应。通过发布网络公告从武汉市某一高校随机招募100名大学生，根据被试在先前知识经验测验上得分的高低，将被试平均分为两组：高知识经验水平组和低知识经验水平组。采用3×2的被试间设计，自变量分别为教学视频类型和被试的先前知识经验。每位被试单独施测，先完成一份先前知识经验水平测验，之后随机观看一种教学视频，最后完成学习效果测验。实验运用眼动追踪技术探究被试视频学习过程中的注意力分配，并通过纸笔测验考察被试的学习效果，其中，学习效果包括保持和迁移两个水平。结果发现，学习者先前知识经验水平与视频类型对其学习效果具有显著的交互影响。对于低知识经验水平的学习者来说，在观看前嵌问题但不提供反馈的视频时，取得了更好的学习效果；但已有一定知识经验的学习者却没有表现出这种差异，存在经验反转效应。

本书第五章探究学习动机在教学视频中嵌入问题与反馈对学习者学习效果的影响中是否存在调节作用。通过发布网络公告从武汉市某一高校随机招募96名大学生，根据被试在学习动机问卷上得分的高低，将被试平均分为两组：高动机组和低动机组。采用3×2的被试间设计，自变量分别为教学视频类型和被试的学习动机，其中，教学视频的类型与第三章的研究相同。每位被试单独施测，先完成学习动机问卷，后续实验流程与第四章的研究相同。研究结果发现，教学视频中前嵌问题更明显地提高了高动机水平的学习者的学习效果和视觉搜索效率。这些结果表明，在教学视频学习中，高动机组水平的学习者更需要“脚手架”。

本书第六章在真实的视频课程教学实践中探究教学视频中前嵌问题对学习者学习效果的影响及心理机制，进一步检验以上实验研究的结论。利用方便取样法，对武汉市某高校的大学二年级教学系统设计课程的两个平行班进行追踪研究。采用 2×2×2 的被试间设计，自变量分别为教学视频类型、被试的先前知识经验水平和学习动机水平。其中，教学视频的类型与第三章的研究相同，被试的先前知识经验和学习动机的水平分别与第四章、第五章的研究相同。每个被试只需观看一种教学视频，每个班为一组。首先，每个被试需要在线完成学习动机量表；后续实验在真实课堂中进行，两个班级教学流程相同。实验通过纸笔测验考察被试的学习效果。研究发现，学习者的先前知识经验水平影响了教学视频中前嵌问题的设计效果，而他们的学习动机没有影响前嵌问题的设计效果，进一步验证了本书前面的研究结论。

在本书的最后一章，主要是基于以上研究和结论进行了分析讨论，我们认为，在教学视频中前嵌问题但不提供反馈能有效提高学习者的学习效果。这种设计策略还提高了他们对与问题相关，甚至是所有教学内容的注意力程度。学习者的先前知识经验水平和教学视频中嵌入问题及其反馈对学习者学习的影响中存在经验反转效应。对于低知识经验水平者来说，前嵌问题但不提供反馈的教学视频不仅提高了他们的学习效果，也提高了他们的注意力。学习者的学习动机在教学视频设计对其学习效果的影响中起到重要的调节作用。教学视频中前嵌问题但不提供反馈时，高动机水平的学习者的学习效果和视觉搜索效率得到了显著提高。本书开展研究的创新之处主要体现在以下几个方面：首先是采用总注视时间和首次注视达到时间等眼动指标揭示教学视频中前嵌问题及其反馈设计，以及学习者的个体差异与不同资源类型对学习者的交互作用，提高了研究结果的客观性，拓展了教学视频设计的研究深度；其次是结合实验研究和教学实践研究，多方面验证本书的研究结果，提高结论的可推广性，扩展了应用范围；最后是在实践方面，以期为今后教学设计工作有较强的指导和借鉴意义，在设计教学视频时，可以通过在知识点前创设问题情境，来提高学习者的投入程度和学习效果。

在本书编写过程中，得到了包括我博士导师在内的多位师长的指导和鼓励，本书主要结合当前线上教学这一热门话题，探索教学视频中嵌入问题的设计对学习者学习影响程度，以适应信息化时代教育教学的变革之需求。我的研究只是在信息化时代教学研究中阶段性的参与，在仅限于本书涉及研究问题的初步探索，旨在为信息化教学的研究，特别是信息技术与教育教学深度融合的推进工作尽一点微薄之力。鉴于本人水平有限，书稿难免会有一些值得商榷和探讨的内容，恳请并希望各位前辈、同仁及读者就本书中有关内容提出批评和建议，以便我在今后的学习、工作和研究中不断改进和完善。

编者

2021 年 8 月

目　　录

第一章　绪　　论

伴随着信息技术、网络技术和人工智能的快速发展，线上教学和线上线下融合教育成为非常流行的热门话题。作为重要的支撑，教学视频资源的交互设计对学习者的学习势必存在着较大影响，其影响情况早已引起了诸多学者的普遍关注。本章首先对研究问题及其意义进行阐述，以更好明确研究思路；其次对以往教学视频相关问题的国内外研究情况进行综述；最后再根据拟出的研究问题进行研究的总体设计，为后续研究的深入开展奠定基础。

第一节　研究问题与意义

一、研究问题

教学视频中前嵌问题是一种较为常用的交互形式，随着视频在教学应用中的广泛深入，研究发现，教学视频的产生与发展在一定程度上助推教学形式的变革，同样也有利于提高学习效果。在以往研究中，学者们开展的相关问题的研究仅限于某些领域、某些方面或某些角度，还有一些没有涉及或挖掘的研究问题，有待进一步考察。

（一）教学视频的产生与发展助推教学形式变革

教学视频以其多通道展示教学内容的特征，日益成为教育信息化时代背景下一种主要的教学资源形式。据统计，截至2017年，全球有约800所大学参与建设了约9400门MOOC课程。然而，通过对MOOC中学习者的在线学习行为分析发现，MOOC的课程完成率不到6%，且平均观看视频的时间不超过6分钟。因此，如何提高教学视频的教学效果日益成为研究的焦点。随着微课、慕课和翻转课堂等应用越来越广泛，视频课程的教学形式层出不穷，深受教师和青少年学习者的喜爱。教学中采用视频课程形式进行教学的总量也在逐年增加，如国外的Coursera、可汗学院、耶鲁大学的在线视频课程，国内高校的清华学堂在线和视频网站中的爱课程网、中国大学慕课、网易公开课等，在线学习人数早已突破千万。相较传统的课程资源，视频课程的优势较为明显。

首先，知识碎片化是数字化资源的一大特征，其中教学设计及内容呈现方式的改变，使学习方式也变得具有非线性、个性化的特点，学习者可以按照自己的学习习惯选择适合的内容或节奏，大大增加了学习的自主性，也能很好体现个性化学习的优势。

其次，能够很好地支持泛在学习、在线学习和移动学习，视频课程的多样性（如在线视频课程）能够满足人们时时处处的学习需要，在提高学习效果的同时，还大大降低了学习成本。

最后，视频课程也能展现真实的课堂教学，比单纯的文字图片资源和音频教材增加了不少生动性和真实性，特别是交互式教学视频的运用，让学习者增加了与教师或者学习内容的交互形式和机会，这些交互性视频资源的真实性还可以有效提高学习者的学习兴趣和动力。

在上面的分析中教学视频展现出了上述的优势和特点，可以预测未来在教学中的应用还能继续探索线上教育或线上线下融合教育中的教学功效，包括教学视频交互设计对学习影响的进一步研究，因此，本研究可以选择教学视频中增加交互设计作为不同的实验条件。

（二）教学视频中嵌入问题有利于提高学习效果

当前，随着视频制作与开发技术的发展，视频课程的交互形式和交互内容呈现多样化、多元化和互动性等特点，突破传统的字幕、论坛等单一文本交互形式，走向更加新颖的、生动的和沉浸式体验的弹幕、弹题、Flash动画、线索、索引目录等社会交互形式。互动方式走向人机互动、教师与学生互动、学生与学生互动、学生与学习内容互动等，互动越来越频繁、高效，给学习者带来深度学习和教学创新的可能。近年来，视频课程的研究聚焦在激发学习动机、嵌入问题、教学反思、学习风格、社会交互、教师手势及表情等方面，特别是视频课程中嵌入问题，引起众多学者和教师关注。由于教学问题是培养学生批判性思维、创新性思维、审辩式思维和问题解决能力的最佳途径，因此教学问题既是教学的起点，也是教学的终点，更是检验教学质量的核心指标之一。

即便如此，以往教学视频的研究仍然存在一些尚未涉及的领域或方面，比如在教学视频中前嵌问题对不同学习者的学习影响。这个很有必要在后续研究中持续推进，以深刻挖掘教学视频对学习者的影响情况，找寻视频在教学设计和教学过程中的应用规律或方式方法。

（三）有关问题嵌入式教学视频的研究存在不足

嵌入问题是教学视频中一种重要的交互形式。以往相关研究主要集中在三个方面，一是教学视频中是否嵌入问题对学习的影响，二是教学视频中嵌入问题的形式对学习的影响，三是教学视频中嵌入问题的反馈机制对学习的影响。根据教学视频相关研究，学习者作为教学视频学习活动的主体，其特征必然会影响其学习过程与结果，其中学习者的先前知识经验和学习动机水平是两种重要的学习者特征。因此，教学视频中同一种交互形式对不同的学习者而言可能效果也不尽相同。然而，以往的研究往往忽视了对教学视频中嵌入问题效应的边界条件或心理机制的探讨，抑或通过问卷调查等较单一的研究方法揭示研究现象，学者们并没有形成较为一致的研究结论，也没有深入且细致地系统探讨问题嵌入及反馈的教学规律和认知原理。可以推测，以往的研究还存在一些不足之处，具体有以下几个方面。

1. 研究方法相对单一

以往有关教学视频嵌入问题对学习影响的研究一般都是采用实验研究方法，对追踪研究方法的使用比较少见。实验研究方法有不小的局限性，比如被试的选择、实验条件和实验环境等都有可能会影响研究结果，而教学实践研究能够使研究过程在真实的教学环境下进行，减少上述干扰因素的影响，研究结果更加客观。为了保证研究效果，本研究采用实验研究和教学实践研究两种方法相结合的方式进行实证研究，在实验研究之后采用教学实践研究方法对研究主题进行追踪研究，进一步验证实验研究中的结论。

2. 研究内容不够全面

以往相关问题的研究过程中，并没有涉及教学视频嵌入问题对学习者学习影响中的注意力分配和边界条件等方面的研究。在视频学习中，学习者只有专注于学习材料，才可以收获良好的成果，那么视频中嵌入问题和反馈形式对学习造成影响的表层现象下，是否由于学习者注意力分配的不同而导致了结果的差异？在影响学习者学习的诸多边界条件中，先前知识经验水平是影响学习者学习最重要的因素之一[①]，同时学习者的动机水平也是影响其学习完成情况的关键因素。由此可见，学习者的边界条件不同，也会对嵌入问题教学视频的学习带来不同的影响，而边界条件与教学视频类型的交互作用能否引起学习者学习效果和注意力分配的变化，是否发生知识经验反转效应

① KALYUGA S. Expertise Reversal Effect and Its Implications for Learner-Tailored Instruction [J]. Educational Psychology Review，2007，19（4）：509-539.

以及动机水平的调节作用如何等，这些问题都值得我们在后续研究中进一步深入探讨。

3. 测量方法不够科学

以往的相关研究中，主要采用问卷测量方法开展学习效果的测量。问卷测量法都是对学习者学习结束后的检测和评价，然而在对学习影响的研究中，学习结束后的检测结果会出现差异，不能客观反映学习中的实际影响，特别是对注意力分配等关键要素无法准确测量，这会影响到研究结果的客观性。眼动追踪技术可以从不同的角度考察教学视频对学习的影响情况，通过眼动仪对学习者进行实时测量，分析眼动变化和注视时间的记录数据，能够准确展现学习者在观看不同类型的教学视频时注意力分配情况，考察和检验其对特定教学内容以及所有教学内容学习时视觉搜索效率的变化与差异。本研究在采用问卷测量方法的同时，引入眼动追踪技术，从两个不同的角度分别考察对学习者学习效果的影响和学习者注意力分配的情况，可以更加全面准确地探究教学视频嵌入问题与反馈对学习的影响。

综上所述，结合现有研究中不全面、不深入之处，本研究将围绕教学视频中前嵌问题对学习的影响这一主题，分别采用实验研究和教学实践进行实证研究，主要探讨下面几个问题：（1）通过行为实验和眼动技术，探究教学视频中前嵌问题与反馈对学习的影响；（2）通过行为实验和眼动技术，探究教学视频类型与不同先前知识经验的交互作用对学习者学习的影响，检验是否存在知识反转效应；（3）通过问卷测量和眼动技术，探究教学视频类型与不同学习动机水平的交互作用对学习者学习的影响，以检验学习动机的调节作用；（4）通过教学实践，探究并进一步验证教学视频前嵌问题对不同特质的学习者学习的影响，检验是否存在知识反转效应以及动机水平的调节作用。

二、研究意义

本书以教学视频中的嵌入问题为研究内容，通过对国内外已有文献的梳理及对相关研究的分析，重点探讨教学视频中问题嵌入的时间、嵌入问题的反馈机制对学习者学习效果的影响；同时运用眼动追踪技术，探究教学视频前嵌问题及其反馈对学习者在学习过程中的注意力分配的影响。此外，考虑到学习者的不同特质中先前知识经验和动机对学习影响的关键作用，本研究选择先前知识经验水平和学习动机水平作为实验研究的两个边界条件，探索先前知识和动机水平对学习者学习所带来的调节效应，以期为将来教学资源的设计、开发和制作提供理论参考和借鉴意义。

（一）理论意义

随着网络技术的迅猛发展，视频学习被人们日益接受，各种交互式教学微视频课程中，在教学视频中前嵌问题一直是其中最重要的交互式视频资源形式之一。对于教师来说，教学视频的设计制作大多都是源于自身的教学经验，虽能够结合现代软件或技术进行，但很少融入前沿理论的指导，导致网络上呈现的教学视频资源质量良莠不齐，学习效果也难以得到有效保证。

首先，本研究可以丰富理论研究成果。本研究基于建构主义学习理论、思维型教学理论、认知冲突理论、多媒体学习理论线索原则和信息加工理论，采用认知视角考察教学视频中前嵌问题与反馈设计对学习者影响学习的注意力分配。在实验中，考虑到个体特征的差异，将分别考察学习者的先前知识经验和学习动机水平对教学视频中前嵌问题与反馈设计的影响，对教学视频的个性化设计具有一定的指导借鉴作用。此外，认知冲突理论和多媒体学习理论线索原则针对学习者的个体差异对教学效果及其注意分配的影响提出理论假设，本书的研究结果可以在一定程度上拓展这两个理论。

其次，本研究可以拓展研究深度。本书将采用眼动实验和教学实践考察教学视频中前嵌问题与反馈设计对学习的影响，以及学习者的个体差异的影响。探究教学视频中是否前嵌问题与是否反馈对学习的影响，检验是否能够有效提高学习者对教学内容的注意力，能否提高他们的长期和短期学习效果。此外，还探索教学视频中前嵌问题设计中是否呈现出经验反转效应。本书采用注视时间和首次注视达到时间等眼动指标以揭示前嵌问题与反馈设计，以及学习者的个体差异影响其学习的心理机制，拓展了教学视频设计的研究深度。

最后，本研究可以提高研究结论的推广性。在本书中，研究将结合实验研究和教学实践研究，多方面验证本书的研究结果，提高其结论的可推广性。以往相关研究主要采用实验研究，而实验研究通常是基于学习者观看一段较短教学视频后的学习效果，得出相关的研究结论，本书的研究方法一方面能够克服这些实验环境缺乏生态效度的影响，另一方面研究结合了实验研究和教学实践研究的优势，为研究的结论进一步推广至实际的教学视频学习中提供更为客观的参考价值。

（二）实践意义

本研究可以通过眼动追踪技术考察学习者观看教学视频以后产生的影响，

将对教学视频的设计开发及个性化学习有重要的实践意义；另外对于在线学习、网络学习、在线培训等教与学的行为的实践与研究工作的开展可能都会非常有参考价值。

首先，采用实验研究探讨教学视频中前嵌问题是否反馈引起学习者对教学内容的注意分配以及学习效果的影响，通过研究得出的结论以期为今后进行教学视频设计时可以创设问题情境，为提高学习者学习注意力和学习的效果提供建议和参考。

再者，本研究为针对不同先前知识经验水平的学习者设计教学视频有参考意义。本研究预测，教学视频中前嵌问题的设计中存在经验反转效应，教学视频中前嵌问题且不提供反馈时，不仅可以提高低知识经验者的注意力，同时也能提高他们的学习效果。因此可以为教学视频设计工作带来启示，在针对低知识经验水平的学习者时，可以考虑在教学视频中前嵌问题但不提供反馈，以期引导他们学习过程中的注意分配和提高他们的学习效果；同时还能验证教学视频前嵌问题是否促进高知识经验的学习者学习效果，提出针对高知识经验水平学习者开展教学视频设计策略的相关建议。

最后，本著的研究针对具有不同学习动机水平的学习者开展，其结论对设计教学视频也有一定的启发。本著可以预测，前嵌问题但不提供反馈的教学视频中，仅提高了高动机水平的学习者的学习效果和信息搜索效率。这一研究预期的启发是，在教学视频中前嵌问题对高动机水平的学习者的学习具有更大的积极影响。因此提出建议，在针对高动机水平的学习者时，可以考虑在教学视频中前嵌问题但不提供反馈，以期提高他们的学习效果，为今后开展个性化学习研究提供借鉴意义。

第二节　国内外研究现状

为充分揭示本研究的逻辑起点并从已有的研究中获得启示，本研究先对国内外有关教学视频嵌入问题及反馈的文献资料进行系统分析和评述，以保证本研究的前瞻性和创新性。在本节中，我们主要从以下三个方面对相关研究内容进行文献综述：一是教学视频中交互形式对学习的影响，包括教学视频课程中交互的定义、教学视频课程中交互的分类及教学视频课程中交互设计对学习的影响；二是教学视频中嵌入问题及其反馈对学习的影响，涉及是否嵌入问题对学习的影响、嵌入问题的形式对学习的影响、嵌入问题对学习效果的影响三个方面；三是教学视频中问题效应的潜在边界条件，包含学习者的先前知识经验和学习者的学习动机水平两个要素。本研究通过文献中相关研究的分析，选取更有价值的研究问题和方向开展深入研究。

一、教学视频中交互形式对学习的影响

交互式视频在当前教学中的应用非常普遍，其交互形式对学习者的学习有着较大的影响。现有相关研究大致可以分为以下三个方面：(1) 教学视频课程中交互的定义；(2) 教学视频课程中交互的分类；(3) 教学视频课程的交互设计对学习者学习的影响。

(一) 教学视频课程中交互的定义

何为交互？交互常被认为是通过某个具有交互功能的互联网平台，让用户在上面不仅可以获得相关资讯、信息或服务，还能用户与用户之间或用户与平台之间相互交流与互动，从而碰撞出更多的创意、思想和需求等。实际上，交互是一个历史的范畴，其内涵和形式会随社会的发展不断演变。在技术并不发达的社会，交互更多的是指参与活动对象通过面对面的谈话或书信往来等实现交流和互动；工业革命时代背景下，计算机的发明、互联网技术发展、人工智能的到来，催生了诸如电话、手机、电脑等通信工具，进而拓宽了人与人之间互动的通道和路径。

此外，交互通常也被理解成参与活动的对象之间相互交流，双方面互动。交互也分很多方面的交互，比如数据交互、动作交互、教学交互等，本研究重点探讨教学方面交互的定义。从传播学的角度看，交互是传播者与接受者双方的信息交流，所以在教学过程中“交互”的本质是教学信息在教与学二者之间的双向流动。本著采用的定义是得到了多数学者认可的国内权威学者陈丽的定义：教学交互是一种发生在学生和学习环境之间的事件，它包括了学生和教师，以及学生和学生之间的交流，也包括学生和各种物化的资源之间的相互交流和相互作用①。该定义明确了教学交互发生的几个关键要素，学生、教师和各类教学资源（包含教学环境、界面等），而相互交流和相互作用是交互的主要形式。

(二) 教学视频课程中交互的分类

教学视频课程中交互的种类有很多种不同的分类方法。关于教学视频中

① 陈丽. 术语“教学交互”的本质及其相关概念的辨析 [J]. 中国远程教育，2004 (3)：12-16.

交互的分类，国内外已经有不少学者对教学领域的交互从不同角度做出了探究，具体如表 1.1 所示。其中，国外学者 Moore（1989）对学习过程中的相互作用进行了分类，并被广泛接受。他提出了三种不同类型的交互，即学习者—学习者的互动、学习者—教师的互动以及学习者—内容的互动①。此后，Hillman（1994）等人提出了另一种交互方式来解释学习者与系统之间的接口，即学习者—界面或学习者—系统的交互②。在此基础上，Muirhead（2004）等考虑到教师在教学内容的创作过程中也会与系统发生一定的交互，因此又增加了两类交互，即教师—内容交互、教师—系统交互。而国内学者对于交互的分类大体类似③。比如，陈丽（2004）教授还从不同层面界定了交互内容的具体分类④，其中，信息交互层面主要包括了学生与教师、学生与学生和学生与学习资源之间的交互。张剑平（2014）在研究中综合了 Moore 与陈丽的分类，也将学习内容之间的联系纳入了交互之中，即学习内容之间的交互⑤，如此分类则是突破了以人为主的交互模式。韦晓红（2011）则综合了 Hillman 与陈丽的分类，将微视频学习中的交互分为五类，包括学生分别与媒体界面、学习资源、学生、教师之间的交互、概念交互等⑥。另外，沈夏林（2004）、黄有文（2017）等人则延续了 Moore 的分类方法，在开放视频课程和在线视频课程中分为学习者—内容、学习者—学习者以及学习者—教师三种不同的学习交互形式⑦。

---

① MOORE. Three types of interaction [J]. Distance Education New Perspectives, 1993, 3 (2): 1-7.

② DANIEL, HILLMAN, DEBORAH, et al. Gunawardena. Learner-Interface Interaction in Distance Education: An Extension of Contemporary Models and Strategies for Practitioners [J]. American Journal of Distance Education, 1994, 8 (2): 30-42.

③ MUIRHEAD B, JUWAH C. Interactivity in computer-mediated college and university education: A recent review of the literature [J]. Journal of Educational Technology & Society, 2004, 7 (1): 12-20.

④ 陈丽. 远程学习中的信息交互活动与学生信息交互网络 [J]. 中国远程教育, 2004,(9): 15-19, 78.

⑤ 夏文菁，张剑平. 基于网络的对话式教学交互及其工具运用 [J]. 远程教育, 2014, 32 (4): 30-37.

⑥ 韦晓红. 基于远程教学交互理论的微视频设计开发与实践研究 [D]. 桂林：广西师范大学，2014.

⑦ 沈夏林，周跃良. 论开放课程视频的学习交互设计 [J]. 电化教育研究，2012, 33 (2): 84-87.

表 1.1 交互分类表

序号	提出者	交互分类名	交互分类内容
1	Moore	Moore 的交互分类	学习者—内容交互 学习者—教师交互 学习者—学习者交互
2	Hillman	Hillman 的人机交互分类	在 Moore 的交互分类的基础上加上： 学习者—界面交互
3	Anderson	Anderson 的交互分类	在 Moore 的交互分类的基础上加上： 教师—教师交互 教师—内容交互 内容—内容交互
4	Sutton	Sutton 的替代交互 (vicarious interaction)	在线讨论中，不参与交互的学习者他们没有为集体知识发展做出贡献，但却通过积极观察和处理其他直接参与在线交互的学习者之间的交互过程并从中获益，这个过程就是替代交互。Sutton 将学习者分为四类交互人群：直接交互者、行动者、非行动者和替代交互者。
5	Gilbert	Gilbert 和 Moore 的交互分类	根据交互内容的性质对交互进行分类： 社会交互和教学交互
6	Northrup	Northrup 的交互分类	Northrup 在参考 Moore、Hillman、Gilbert 和 Moore 所提的交互分类的基础上，提出了一个新的在线交互分类框架，他根据交互内容的属性或目的将其分为教学内容、协作、对话、内在交互和绩效支持五大类，其中应用到每类属性的策略和方法又可进一步按照其性质划分为 Gilbert 和 Moore 提出的社会交互和教学交互。
7	陈丽	教学交互层次塔	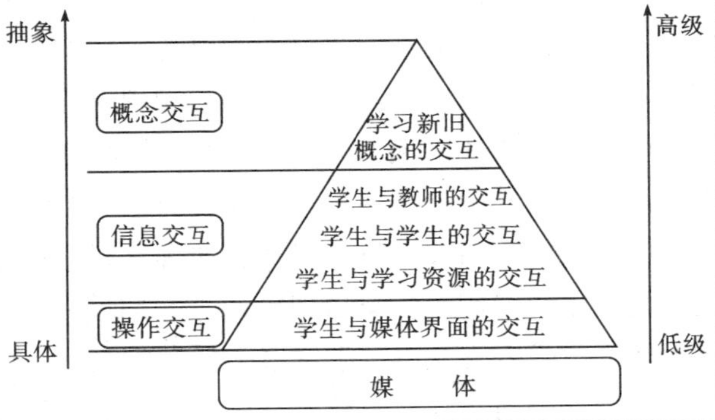

续表

<table>
<tr><th>序号</th><th>提出者</th><th>交互分类名</th><th>交互分类内容</th></tr>
<tr><td>8</td><td>Hirumi</td><td>Hirumi 的交互层级模型</td><td>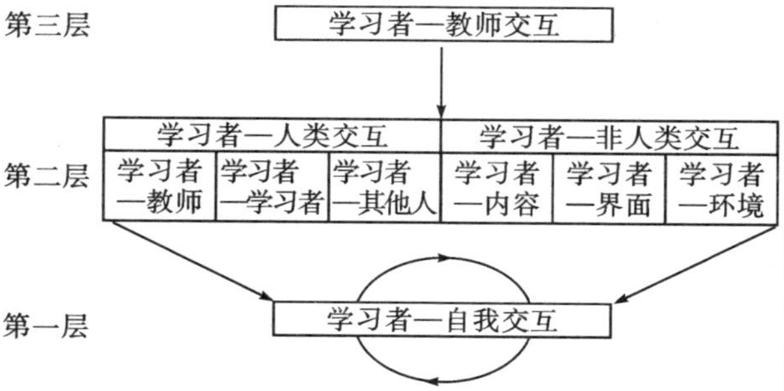
</td></tr>
<tr><td>9</td><td>Ally</td><td>Ally 的交互层级模型</td><td>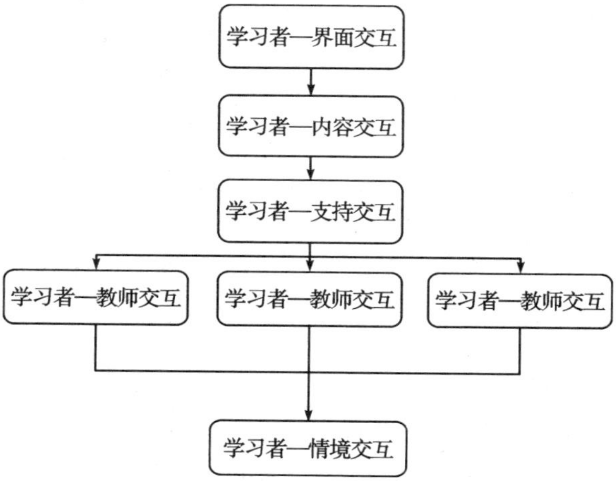
</td></tr>
</table>

通过国内外研究者对交互的定义与分类可以看出，学习者与教师、学习者与学习者、学习者与内容之间的交互是学者们对于交互分类的普遍共识；但是，交互内容或交互形式由于受研究者研究侧重点和应用领域的不同还没有形成一致的认识。结合当前教学视频中交互的特性及其交互形式，本研究认为交互的分类主要有以下几种：学习者—内容交互、学习者—界面交互、人—人交互。其中，学习者—内容交互主要指学习者与教学内容相关的视音频、文本文档、图片资料、网络资源等素材之间的相互作用，学习者—界面交互涵盖了学习者与各类物理界面之间的反应交互形式，人—人交互则包括学习者—学习者交互以及学习者—教师的交互，学习者之间通过交互构成了学习共同体，与教师、教辅人员以及学习支持服务团队之间的交互可以统称

为学习者—教师的交互。上述交互分类及内容主要体现了以学习者为主，都是与人直接相关的交互形式和内容，围绕着本研究开展的教学视频中的学习交互形式，可以为实验内容的设计提供参考依据。

（三）教学视频课程的交互设计对学习的影响

教学视频中的交互设计可能对学习者的学习带来一定的影响。目前，人—人交互常见于生生交流、师生交流中，在视频课程中的表现形式主要有聊天室、在线讨论区、发送邮件、答疑区等①，上述交互形式在当前视频课程中依然有着比较广泛的应用。有研究者曾对百门在线课程进行统计分析，发现电子邮件和课程讨论区的交互形式依然十分常见。除此以外，许多课程还设置了在线答疑版块，帮助实现“即问即答”功能②。学习者对这些功能的操作和应用增强了其学习参与的兴趣，而功能使用的便捷性特点也使得其在视频制作与开发中得以保留。

随着 3G 技术和 Web Service 服务的推出，学习者可以通过编辑短信发送到后台的方式进行提问，并迅速得到回复。这种移动通信技术对学习便利上的支持，有助于构建一种适合个性化学习的学习情境，满足学习者对即时学习的需求③。在当前的教学中较为常见的形式有很多，“哔哩哔哩”网站的兴起将弹幕带入大众的视野，并迅速在在线视频中掀起一股热潮。弹幕的碎片性、及时性和多元性，极大提高了人—人交互的及时性和学习者的学习参与感及学习热情。由于弹幕的发布是匿名的，这有利于学习者内心真实想法的表达，帮助学习者解决疑问，增强学习持久性，促进互动交流等④⑤。然而，弹幕的使用也有一定的限制性，发布的弹幕内容会遮挡部分视频内容，影响观看效果，且弹幕内容的监管也是值得认真考虑的问题⑥，否则会在一定程度上降低学习者的学习积极性。

近年来，技术的革新为教学视频资源的交互设计升级提供了有效保障，

---

① 龙银香. B/S模式的个性化交互式网络教学平台的结构与设计［J］. 计算机与现代化，2005（6）：23-26.

② 尹睿，刘路莎，张梦叶，等. 国外百门大规模开放在线课程设计与开发特征的内容分析：课程视角［J］. 电化教育研究，2015（12）：30-37.

③ 郑洁琼，陈泽宇，王敏娟，等. 3G 网络下移动学习的探索与实践［J］. 开放教育研究，2012，（1）：159-162.

④ 任柯霓. 弹幕：视频交互新玩法［J］. 科技传播，2016，8（4）：63-64，81.

⑤ 李海峰，王炜. 弹幕视频：在线视频互动学习新取向［J］. 现代教育技术，2015，25（6）：12-17.

⑥ 任柯霓. 弹幕：视频交互新玩法［J］. 科技传播，2016，8（4）：63-64，81.

学者们在此方面的研究也不断深入。以往有研究发现，点播技术的应用使得视频播放具有了快进、快退和定位播放等功能，能够提高学习效率，满足不同学习者的观看需求①②③。同时，一些播放软件也逐渐投入教学应用，Flash 和 Authorwave 等软件可以为教学视频添加测验反馈功能，既帮助学习者检测自己的知识掌握程度，又为教学设计者完善视频提供建议④⑤。随着信息技术的飞速发展，视频交互形式越来越丰富，学习者—内容交互的形式也越来越多样化。比如，基于先进的视频制作技术，有研究者提出可以在视频中添加线索、索引和定位等功能，这些功能恰恰能够帮助学习者可以根据自己的需要自由选择想要学习的内容，并快速准确地进行定位，这将有效节省学习时间，从而提高学习效率⑥⑦⑧。如果交互式教学视频能够让学习者一边观看一边操作练习，不仅能激发学习者学习兴趣，增强学习体验感，还能促进学生的深度学习，对知识的理解与吸收更加透彻⑨。除此以外，许多在线视频课程的交互设计允许学习者在观看过程中随时记笔记，添加标注、评论以及查看拓展资源等，使学习者更加专注于学习内容，有利于进行深度学习。上述种种形式不仅能够使学习者有效参与学习，也在资源设计、内容设计、教学设计、平台设计等多个方面得到广泛应用。

学习者—界面交互的发展同样得益于信息技术的不断进步。早期，视频

---

① BING，ATIQUZZAMAN. Interactive video over atm：state of the art [J]. Computer Communications，2003，26 (7)，747-758.

② SCHWAN，RIEMPP. The cognitive benefits of interactive videos：learning to tie nautical knots [J]. Learning & Instruction，2004，14 (3)：293-305.

③ 高梅，昌玉芳，黄本雄. 视频点播系统交互式功能的设计与实现 [J]. 华中科技大学学报（自然科学版)，2006，34 (10)：18-20.

④ 习海旭，陈湘军. 互动视频教学资源在教育中的应用——以大学《信息技术基础》课程为例 [J]. 教育前沿：理论版，2007 (6)：65-66.

⑤ 彭浩，王忠华，王建波. Authorware 课件中视频播放的个性化控制 [J]. 中国教育信息化，2008 (4)：50-52.

⑥ MERKT，WEIGAND，HEIER，et al. Learning with videos vs. learning with print：the role of interactive features [J]. Learning & Instruction，2011，21 (6)：687-704.

⑦ MERKT，SCHWAN. Training the use of interactive videos：effects on mastering different tasks [J]. Instructional Science，2014，42 (3)：421-441.

⑧ 杨丽. 交互式微课资源的设计研究——以虚拟现实技术为例 [D]. 桂林：广西师范大学，2015.

⑨ 崔小洛. 多媒体制作软件类交互式微课程设计与开发研究 [D]. 济南：山东师范大学，2015.

只能实现简单的点播功能①，该功能为学习者提供了自由选择的通道，使视频内容的传播更加便捷，激发学习者的学习兴趣。随着互联网的普及，观看视频时根据需求调整清晰度和切换角度成为可能②，增加了学习者对视频观看的体验感。随后，学习者还可以对视频界面进行标记，以形成自己的个性化界面③，这样的功能操作符合学习者个性化学习的需求。如今，在线视频课程中学习者—界面交互形式更加多样，也更加智能化、人性化。有研究发现，学习者可以根据需要调整画面比例，可根据导航栏快速选择想要观看的内容④⑤，可利用索引检索关键词，跳转至相应的视频内容等⑥。学习者通过操作导航或索引功能，可以迅速检索到教学视频中分节呈现的知识点，保持更为流畅的学习思路，提升学习效率的同时还能提高学习的自主性。

综上所述，随着技术不断革新发展，在线视频课程的交互设计越来越完善，越来越智能化，交互设计的升级优化能满足学习者学习体验方面的新需求，使学习者的注意力能更长久地集中在视频课程上，开展深度学习，友好的界面设计也会让学习者学习体验感大大增强，充分体现出人性化。不断优化的设计和广泛的应用为研究者提供了丰富的实验素材，学者在此方面的研究也越来越深入和细致，因而形成了包括上述内容在内的研究成果和学术观点，这些都为教学视频的后续理论研究奠定了良好的基础。

二、教学视频中嵌入问题及其反馈对学习的影响

嵌入问题是教学视频中一种重要的交互形式，对学习产生重要的影响。研究发现，有关教学视频中嵌入问题的研究大致可以分为三类：（1）教学视频中是否嵌入问题对学习的影响；（2）教学视频中嵌入问题的形式对学习的

---

① 刘新业. 交互式视频点播系统——未来教育信息技术的新领域 [J]. 沈阳大学学报（社会科学版），2007，9（2）：34-36.

② 胡瑞敏，王中元，王启军，等. 视频交互式多媒体业务研究进展 [J]. 中国通信，2009（2）：37-46.

③ 顾立平. 个性化交互设计的研究综述 [J]. 现代图书情报技术，2010，26（11）：10-16.

④ 仲炜. 交互技术在微课视频课程设计中的应用 [J]. 考试周刊，2016，(94)：106-107.

⑤ 杨丽. 交互式微课资源的设计研究——以虚拟现实技术为例 [D]. 桂林：广西师范大学，2015.

⑥ BAUER J，BERKENBOSCH F，DAM A M V，et al. How does interactivity in videos affect task performance? [J]. Computers in Human Behavior，2014，31（31）：172-181.

影响；（3）教学视频中嵌入问题的反馈对学习的影响。下面分别从三个方面对教学视频中嵌入问题及其反馈形式进行分析阐述。

（一）教学视频中是否嵌入问题对学习的影响

在教学活动中，学生学习能力的培养重点体现在思考问题能力、提出问题能力和探究问题能力三个方面①。有经验的教师往往会选择在合适的时间应用恰当的问题引导学习者，巩固学习者所学习的知识。脑科学、认知心理学及教育学研究者一致认为，在教学中运用提出问题的策略能够有效促进学习者的学习效果②③。

已有研究发现，相较于不嵌入问题的教学视频，嵌入问题的教学视频能够显著提高学生的学习成绩，并且认为产生这种积极影响是由嵌入问题带来的交互活动所引起的④。此外，也有研究认为产生这种积极影响是因为嵌入问题能够增强学习者与学习材料间的联系⑤，学习者带着问题去思考，有意识地寻找问题答案及问题解决方案，从而积极地影响了学习过程和结果。还有研究认为嵌入问题的视频之所以能够促进学习，是因为这种设计增加了学习者在学习上花费的时间⑥。Szpunar 等人（2013，2014）则认为产生这种积极影响是因为，嵌入问题能够有效帮助学习者进行正确自我评估并避免学习过程中的走神倾向⑦。在视频学习中，学习过程缺乏交互，因此学习者往往容易高估当前学习水平，认为知识已然获得，从而过度自信，产生消极怠慢

---

① 程建华. 培养学生“三问题”能力的策略——以初中物理教学为例［J］. 教育理论与实践，2013，33（8）：53-55.

② PASTÖTTER B，SCHICKER S，NIEDEMHUBER J，et al. Retrieval during learning facilitates subsequent memory encoding［J］. Journal of Experimental Psychology Learning Memory & Cognition，2011，37（2）：287.

③ 杨为民，杨改学. 基于问题探究教学的理论与实践［J］. 外语电化教学，2006（3）：13-18.

④ 任璐. 嵌入问题的交互视频中问题类型对学习效果的影响研究［D］. 武汉：华中师范大学，2015.

⑤ ROSE E，CLAUDIUS I，TABATABAI R，et al. The Flipped Classroom in Emergency Medicine Using Online Videos with Interpolated Questions［J］. Journal of Emergency Medicine，2016，51（3）：284.

⑥ VURAL O F. The Impact of a Question-Embedded Video-Based Learning Tool on E-Learning［J］. Educational Sciences Theory & Practice，2013，13（2）：1315-1323.

⑦ SZPUNAR，KHAN，SCHACTER. Interpolated memory tests reduce mind wandering and improve learning of online lectures［J］. Proceedings of the National Academy of Sciences of the United States of America，2013，110（16）：6313-6317.

的学习态度并在学习过程中走神[①]。这一观点在某种程度上得到任璐（2015）实验研究的证明，但其研究中发现嵌入问题并不是对所有教学材料都是有益的，这种显著有益只存在陈述性知识上，而对程序性知识的提高影响并不显著[②]。

此外，也有研究者发现，嵌入问题的教学视频对学习的影响效果是不明确的。Rose 等人（2016）的实践研究比较了不嵌入问题和嵌入问题的视频课程中学习者的长期学习情况。研究结果发现，尽管在第一年，使用嵌入问题视频课程与不嵌入问题视频课程相比，学习者学习效果无差异，但使用嵌入问题视频课程的学习小组有更高的满意度；第二年，使用嵌入问题视频课程的学习者学习效果显著优于使用不嵌入问题视频课程的学习者的学习效果。基于这项研究的结论，Rose 等人最后认为在视频中嵌入问题，能够积极影响学习，尤其是在长期的学习中，但对于前后两年不一致的结果，他们认为可能是因为在真实的教学环境中学习者投入时间无法控制所导致的[③]。

综上所述，虽然以往的关于视频中嵌入问题的研究结论并不一致，但是大部分研究者认为，在视频课程中嵌入问题可以改善学习者的学习效果。然而，在以往的研究中，或由于真实的教学环境影响而导致结果尚不明确，或采用的评估方式为自报告的形式，或仅仅测量了对知识的保持，对于嵌入问题的教学视频是否能够对除保持学习外的知识迁移学习有积极的影响，且其是如何产生影响的认知机制仍有待后续探究[④]。

（二）教学视频中嵌入问题的形式对学习的影响

虽然教学视频中嵌入问题对学习有一定的影响，但是，在视频教学中于何时以何种方式使用问题策略还留待研究证明。目前，在在线学习平台上，常见的嵌入问题形式有两种：后嵌问题和前嵌问题。

---

① SZPUNAR K K，JING H G，SCHACTER D L. Overcoming overconfidence in learning from video-recorded lectures：Implications of interpolated testing for online education [J]. Journal of Applied Research in Memory & Cognition，2014，3（3）：161-164.

② 任璐. 嵌入问题的交互视频中问题类型对学习效果的影响研究 [D]. 武汉：华中师范大学，2015.

③ ROSE E，CLAUDIUS L，TABATABAI R，et al. The Flipped Classroom in Emergency Medicine Using Online Videos with Interpolated Questions [J]. Journal of Emergency Medicine，2016，51（3）：284.

④ SZPUNAR，KHAN，SCHACTER. Interpolated memory tests reduce mind wandering and improve learning of online lectures [J]. Proceedings of the National Academy of Sciences of the United States of America，2013，110（16）：6313-6317.

首先，后嵌问题的教学视频通常是指将问题嵌入在单个知识点后，学习者先观看视频，后回答问题。目前这种问题嵌入形式比较常见，如课后测评、知识点测评、期末考试等，传统教学中教师总是通过测试来检验学习者的学习效果。在教学中采用后嵌问题形式的优势主要体现在，一方面可以巩固学习内容，促进知识的加工；另一方面可以让学习者清晰地了解当前学习状态。此外，Schacter 和 Szpunar 等人（2016）经过多年研究认为，相较于不嵌入问题的视频材料，在视频后嵌入问题能够减少走神，增加学习任务的相关行为，如记笔记、列提纲、画思维导图等方式，帮助集中学习者的注意力①②。

与后嵌问题形式相反，前嵌问题的教学视频可以理解为将问题嵌入在单个知识点前，学习者先阅读问题后再进行视频学习。这种教学形式多用在阅读学习领域中，前嵌问题通常充当引导的角色，引起学习者注意力，帮助他们加工相关知识信息③。然而，相比于后嵌问题，前嵌问题的研究目前尚未有一致的结论。Carpenter 等人（2016）在研究中发现，通过对比前嵌问题和不嵌入问题的视频中学习者的学习效果，发现前嵌问题的教学视频材料的确能够对知识保持起到更积极作用④。此外，Barbara 等人（1996）研究也发现前嵌和不嵌问题的视频，学习效果是一致的⑤，认为在视频中前嵌问题对学习效果并未起到应有的促进作用。

综上所述，教学视频中后嵌问题对学习效果影响的研究结果较为一致，然而教学视频中问题的前嵌形式对学习影响还没有形成普遍的共识。因此，教学视频中问题的前嵌形式究竟能否提升学习者的学习效果，特别是与不嵌

---

① SCHACTER D L, SZPUNAR K K. Enhancing attention and memory during video-recorded lectures [J]. Scholarship of Teaching and Learning in Psychology, 2015, 1 (1): 60-130.

② JING H G, SZPUNAR K K, Schacter D L. Interpolated Testing Influences Focused Attention and Improves Integration of Information During a Video-Recorded Lecture [J]. Journal of experimental psychdogy, 2016, 22 (3): 305-318.

③ HANNAFIN M J, HUGHES C W. A framework for incorporating orienting activities in computer-based interactive video [J]. Instructional Science, 1986, 15 (3): 239-255.

④ CARPENTER, TOFTNESS. The Effect of Prequestions on Learning from Video Presentations [J]. Journal of Applied Research in Memory & Cognition, 2017 (1): 104-212.

⑤ BARBARA A, SMITH. Preadjunct questions as a learning strategy for older adults: help or hindrance? [J]. Educational Gerontology, 1996, 22 (7): 625-636.

入问题相比，其影响学习的注意力分配机制是否有区别，到底有什么区别？这些问题还有待进一步深入探究和验证。

（三）嵌入问题的反馈对学习效果的影响

通过对已有的文献梳理发现，尽管有关教学视频中反馈机制的研究诸多，但目前尚未形成统一结论。具体来说，主要有两种不同的观点：一部分研究者认为嵌入问题的反馈机制之所以能够提升学习者的学习效果，这可能是因为学习者观看视频时给予及时反馈能够提升知识获取、接收和关联的能力，从而促进学习者的知识加工和建构，最终发展他们的专业技能①；研究还发现积极的反馈能够帮助学习者进行自我反思，从而正确评估自己的学习状态等②。与之相反，另外一部分研究者则认为嵌入问题的反馈机制对学习可能有干扰作用或者没有发挥作用。这可能是因为学习者获得了反馈时暂时获得心理满足而忽略反馈内容本身，因此他们认为反馈必须与教学策略紧密联系才能形成有效的教学干预。还有研究者发现了嵌入问题的反馈机制还存在着边界条件，舒少全在其研究中发现，在不同知识类型的视频中嵌入问题与是否反馈以及反馈形式，产生的研究结论不同。在陈述性知识的教学视频中嵌入问题，无反馈的教学视频学习者的学习效果最好，而在程序性知识的嵌入问题教学视频中，有对错反馈的教学视频，学习者学习效果最好③。

从学习反馈影响学习效果来说，学习反馈是对学生学习效果产生影响的核心要素之一。视频学习过程中的学习反馈具有动力功能和调节功能，反馈的动力功能主要体现在：当视频学习者自主学习过程中，知悉自己的学习结果正确，可以引起对学习策略与过程的认知，产生自我提高的内驱力，从而带来愉悦的学习体验和感受，增强下一步学习的内驱力和信心。反馈的调节功能主要表现为：反馈信息能够促使学习者证实或调整原有的自我评价，从而调节学习行为，把精力集中在需要加强的方面④。Kulhavy 和 Stock（1989）

① FUKKINK R G，TRIENEKENS N，KRAMER L J C. Video Feedback in Education and Training：Putting Learning in the Picture［J］. Educational Psychology Review，2011，23（1）：45-63.

② KULHAVY R W，STOCK W A. Feedback in Written Instruction：The Place of Response Certitude［J］. Educational Psychology Review，1989，1（4）：279-308.

③ 舒少全. 交互式教学视频中问题的反馈内容对大学生学习效果的影响［D］. 武汉：华中师范大学，2016.

④ 李士平. 网络学习环境下基于反馈的元认知干设计与实证研究［D］. 长春：东北师范大学，2018.

认为当学习者在学习过程中过度感觉自我良好时，反馈能够帮助他们看清自己当前所处水平，从而端正态度回归学习状态，这也是反馈对学习者最大的帮助①。

综上所述，尽管多数研究者证实教学视频中嵌入问题反馈能够提升学习者的学习效果，但仍有研究发现嵌入问题的反馈对学习效果有干扰作用，尚未取得一致的研究结论，可能还存在教学策略及知识类别等边界条件的影响。并且，上述研究中对反馈有效性评估的依据多为自报告和测试，无法揭示反馈对学习者影响的内在认知机制的原理。因此，在未来的研究中，研究者仍需采用多维度、多种研究方法，还可以借助现代化的研究技术，如眼动追踪技术，对视频课程中嵌入问题的反馈作用进行全面、客观和深入的探索。

三、教学视频中问题效应的潜在边界条件

在以往诸多学者的研究中发现，对教学视频中的问题存在影响效应的潜在边界条件有很多方面，比如学习者的性别、年龄、学习风格、学习基础知识经验、学习动机等，这些特征都有可能对学习者的学习效果产生影响。基于已有研究基础，本研究拟从以下两个方面探讨教学视频中问题效应的潜在边界条件：（1）学习者的先前知识经验水平；（2）学习者的学习动机水平。以探讨二者在教学视频中前嵌问题对学习者学习影响中的调节作用。

（一）学习者的先前知识经验水平

奥苏贝尔整个教育心理学理论体系的核心围绕一个最重要的观点，即“影响学习最重要的因素是学习者已知的知识”②。在有关多媒体学习的研究中认为，先前知识经验水平是学习者关于某一特定领域经验的学习程度③，它是影响学习者学习效果最重要的因素之一。有研究者采用眼动实验探究学习者的先前知识经验水平对教学视频中的关键区域的学习影响，结果发现，高先前知识经验水平的学习者在教学关键区域的注视时间更长，其理解测验成绩也更高，表明了特定领域的先前知识经验会影响学习者选择信息、整合图文和认知加工。有研究者也发现，低先前知识经验水平学习者感知为快速的学习材料对于高先前知识经验水平者就有可能是慢速的，感知上的差异会

---

① KULHAVY R W，STOCK W A. Feedback in Written Instruction：The Place of Response Certitude [J]. Educational Psychology Review，1989，1 (4)：279-308.

② 施良方. 学习论 [M]. 北京：人民教育出版社，2001：221.

③ KALYUGA S，AYRES P，CHANDLER P，et al. The expertise reversal effect [J]. Educational Psychologist，2003，38 (1)：23-31.

对教学视频的学习产生影响①。在有关教学视频学习线索的研究中，研究者让学习者共同观看鱼类运动的教学视频后发现，高先前知识经验水平学习者能够更好地掌握鱼类的运动模式，而低先前知识经验水平者只是了解了基本层面的鱼的解剖学知识。此外，在其研究中还发现，高先前知识经验水平者能忽视与任务无关的部分，而能够将更多的注意力集中于教学视频学习中与学习任务相关的部分②。Kalyuga 等人的研究也发现，缺乏先前知识经验的学习者使用复杂的探索性学习会增加其工作记忆能力的负载③。由此可看出，在教学视频的学习中，先前知识经验水平会影响学习者的认知加工和注意力分配。

Mayer 在多媒体学习的认知理论中指出学习者在学习过程中会注意到什么信息是由自下而上和自上而下的加工方式所决定的。采用自下而上的加工方式，说明学习者是通过材料的外部视觉化设计来影响其学习的过程，有关研究已经表明视觉上的显著特征往往更会吸引低先前知识经验水平者的注意④；且 Arslan-Ari 通过实验探究教学视频中的线索与学习者的不同先前知识经验水平之间的关系，结果发现在有无视觉线索暗示的教学视频中，低先前知识经验水平者受益于有教学线索的视频且视频中的线索会吸引学习者的注意力；而对于高先前知识经验水平者来说，有无视觉线索对其并无影响，也就是说高先前知识经验水平者已经具备了现有的相关知识，以供其在视频学习中有选择性地进行内容学习⑤。自上而下的加工方式，意味着材料内提供的知识也决定了哪些方面引起了人们的关注，在这个过程中，先前知识经验水平会引导学习者关注相关内容⑥。Kriz 等人在探讨教学视频动画如何影响学习者的学习加工时发现，学习者的先前知识经验水平会影响学习者的视

① KALYUGA S. Expertise Reversal Effect and Its Implications for Learner-Tailored Instruction [J]. Educational Psychology Review，2007，19 (4)：509-539.

② JARODZKA H，GOD T V，DORR M，et al. Learning to see：Guiding students' attention via a Model's eye movements fosters learning [J]. Learning & Instruction，2013，25：62-70.

③ KALYUGA S，CHANDLER P，SWELLER J. Learner Experience and Efficiency of Instructional Guidance [J]. Educational Psychology，2001，21 (1)：5-23.

④ SCHEITER K，EITEL A. Signals foster multimedia learning by supporting integration of highlighted text and diagram elements [J]. Learning & Instruction，2015，36：11-26.

⑤ ARSLAN-ARI I. Learning from instructional animations：How does prior knowledge mediate the effect of visual cues? [J]. Journal of Computer Assisted Learning，2018，34 (2)：140-149.

⑥ LOWE，R K. Extracting information from an animation during complex visual learning [J]. European Journal of Psychology of Education，1999，14 (2)，225-244.

觉注意力；另外，他在让学习者了解冲洗池是如何工作的过程中还发现，具有物理学和工程学背景的高先前知识经验水平者最初能够从视频中提取出更多有用的知识，并准确地回答出关于插座系统的工作原理，并且在第二次看视频时，能够修改第一次提出的不正确的答案，而低先前知识经验水平者难以报告出正确的系统模型。这一结果表明，学习者的先前知识经验有助于从教学材料中构建知识理解，具有高先前知识经验的学习者能够根据其先前存在的图式来关注和整合视觉信息，而低先前知识经验水平者可能会将他们的视觉注意力误导到与之无关的教学内容上。总的来说，学习者的先前知识经验水平会影响其对知识的加工处理方式。

多媒体学习中的大多数原则是依据学习者已有的专业知识水平而决定的，对低先前知识经验水平者有效的原则，对于高先前知识经验水平者来说并不能起到促进作用，反而会阻碍他们的学习，此时会发生专业知识反转效应①。目前，一部分研究者认为教学视频学习中存在知识反转效应，特别是教学视频中的画面元素也会引起学习者知识反转效应。例如，对教学视频中呈现的复杂性和图表的优化程度对学习者学习效果影响的研究发现，低先前知识经验水平的学习者只在较低的复杂处理条件下表现出更好的理解和迁移测试能力，而显示的复杂性较低时，额外的减轻认知负荷的措施则会阻碍较高先前知识经验水平者②。教学视频中加入动画教学代理能够改善低先前知识经验水平者的学习效果，而对具有高先前知识经验水平者就没有明显的作用③。在教学视频中加入字幕对学习者是否冗余，研究结果发现，呈现讲解字幕更有利于低先前知识经验水平者学习效果的提升，但对于高先前知识经验水平者，讲解字幕的促进作用不明显，尤其是当学习目标以迁移为主时，字幕还会阻碍其学习④。国内外学者还对教学视频加入线索提示进行实证研究，研究发现提示对低先前知识经验水平者有促进作用，但阻碍了高先前知识经验水平者在叙事动画学习中的学习。这一研究结果与 Johnson 等人的发现一样，

---

① 李文昊. 多媒体学习十讲［M］. 南京：南京师范大学出版社，2015：9.

② LEE H，PLASS J L，HOMER B D. Optimizing Cognitive Load for Learning from Computer-Based Science Simulations［J］. Journal of Educational Psychology，2006，98（4）：902-913.

③ CHOI S，CLARK R E. Cognitive and Affective Benefits of an Animated Pedagogical Agent for Learning English as a Second Language［J］. Journal of Educational Computing Research，2006，34（4）：441-466.

④ 汪存友. 在线教学视频呈现讲解字幕有必要吗？——兼论对冗余效应边界条件的修正［J］. 电化教育研究，2016，(3)：59-65.

采用同步化线索能保证低先前知识经验水平者较高的后测成绩，但对高先前知识经验水平者来说没有效。然而，还有一部分研究者实验得出结论是视频课程中不存在知识反转效应，在利用眼动实验考察同步化线索和学习者经验的作用时，发现同步化线索并没有弥补低先前知识经验水平者的学习缺陷，而高先前知识经验水平者在同步或非同步线索条件下的学习效果都较好①。对于这两种研究结果之间的差异，分析发现可能是因为被试群体的不同所导致的，也有可能是因为对较低先前知识经验水平者来说，在视频学习中较难提高他们的元认知技能②。

从国内外的研究结果可以发现，学习者不同的先前知识经验水平会对教学视频学习产生不同的学习效果，且会影响学习者对知识的加工方式和注意力分配模式。教学视频中能够提高低先前知识经验水平者学习效果的教学设计策略，对高先前知识经验水平者来说可能并没有实际效果，有时甚至阻碍他们的学习。但也有研究发现，有些多媒体学习原则无法提高低先前知识经验水平者的学习效果，反而对高先前知识经验水平者的学习效果有较好的促进作用。由此可看出，先前知识经验水平对视频教学的学习效果的影响没有较为统一的研究结论。基于此，本研究将通过对学习者先前知识经验水平的测量，在实验研究和教学实践中分别探索不同先前知识经验与教学视频的交互作用对学习者学习的影响中是否发生知识反转效应以及其注意力机制研究。

（二）学习者的学习动机水平

在影响学习者视频学习效果的众多个性化特征中，学习动机也是非常重要的核心因素之一，是推动学习者达到学习目标的动力系统。Anita Woolfolk 等人把学习动机分为内在动机与外在动机两部分③。相关研究大致可以分为两类：（1）学习者学习动机水平对其视频学习的影响；（2）学习者学习动机水平对其视频学习注意力分配的影响。

1. 教学视频中学习者学习动机水平对学习的影响

学习动机对学习的影响是多方面的，不同学者研究的切入点不同，探讨

---

① 谢和平，安婧，王福兴. 多媒体学习中的图文整合：同步化线索和学习者经验的作用 [J]. 心理科学，2017，(5)：1104-1110.

② BOER J D，KOMMERS P A M，BROCK B D，et al. The influence of prior knowledge and viewing repertoire on learning from video [J]. Education & Information Technologies，2016，21 (5)：1135-1151.

③ Anita Woolfolk，何先友. 教育心理学（第十版）[M]. 北京：中国轻工业出版社，2008：390.

的内容也不一致。有学者从学习动机对其学习结果的影响出发，研究学习动机水平对学习满意度、课程完成情况、学习成绩、学习期望等的影响；也有学者把学习动机作为自变量，并对动机类型及水平加以区分，探究不同类型的学习动机，如内在动机、成就动机等对学习的影响；另外，还有学者将学习动机作为影响学习者学习过程的调节变量，认为学习动机水平对其学习效果具有中介效应或调节效应。

首先，教学视频中学习者学习动机对其学习满意度的影响。已有研究一致认为，学习者动机水平对学习者参与在线视频课程的满意度具有显著影响。学习动机越强，尤其是内在动机越强烈，学习满意度越高，反之亦然。基于自我决定理论，研究者发现学习者在参与在线视频学习时外在动机水平较低，而内在动机对学习满意度的影响大于外在动机，即较强的内在动机可以提高学习满意度①。研究还发现，学习者自我效能感、成就动机等内在动机在提高学习满意度方面具有重要作用②。从内在动机来说，自我效能感是学习者内在动机中影响视频学习满意度的重要因素。具有较高自我效能感的学习者更容易对所选课程感到满意，学习动机维持更久，持续学习的意愿更强③。自我效能感并非直接影响视频课程学习的满意度，而是通过感知易用性、绩效期望等作为中介变量间接影响学习满意度。自我效能感较高的学习者其绩效期望一般较高，从而产生较高的学习满意度④。然而也有研究者持不同观点，虽然认为自我效能感与满意度显著正相关，而视频课程学习的自我效能感与学习满意度并不存在显著关系⑤。从外在动机来说，视频课程设计与开发、学习交互、引导注意、学习反馈等外部因素都可能影响学习者对视频课

① GOULIMARIS D. The Relation between Distance Education Students' Motivation and Satisfaction [J]. Turkish Online Journal of Distance Education, 2015, 16 (2): 13-27.

② FERRIZ R, ÁLVARO SICILIA CAMACHO, SÁENZ-ÁLVAREZ P. Predicting Satisfaction in Physical Education Classes: A Study Based on Self-Determination Theory [J]. Open Education Journal, 2013, 6 (1): 1-7.

③ LIM. Computer self-efficacy, academic self-concept, and other predictors of satisfaction and future participation of adult distance learners [J]. American Journal of Distance Education, 2001, 15 (2): 41-51.

④ JEN-HER Wu, ROBERT D, TENNYSON, et al. A study of student satisfaction in a blended e -learning system environment [J]. Computers & Education, 2010, 55 (1): 155-164.

⑤ JAN S K. The Relationships Between Academic self-efficacy, computer self-efficacy, Prior Experience, and Satisfaction With Online Learning [J]. American Journal of Distance Education, 2015, 29 (1): 30-40.

程的满意度。第一，视频课程设计与开发，比如视频时长、视频背景、教师着装、教学姿态、嵌入问题、教师提问数量及质量、字幕、弹幕等视频要素，都可能影响学习者学习满意度①，视频课程的开发中应注意尽量提供学习者更加熟悉的学习环境。第二，视频的学习交互影响学习满意度，例如在授课过程中“自动暂停”，在视频播放一段时间后会自动暂停，只有学习者点击相应按钮，视频才会继续播放，本意是对学习者的视频学习进行监管，但是很容易引发学习者的厌恶情绪，从学习者外在动机影响到学习者的内在动机②。第三，视频课程需要考虑如何尊重学习者的选择性注意、学习反馈等，这也有可能影响学习满意度。反馈信息可以通过多种具体的方式引起学生的注意，包括提示问题答案、丰富学习反馈内容表现形式、视频嵌入弹幕及反馈等③，在吸引学习者注意的同时，提升对学习的满意度。从上述研究我们可以看出，目前，在视频课程学习中，研究更关注学习者内在动机对学习满意度的影响，且得到了较为一致的结论，认为相对于外在动机而言，内在动机对学习满意度具有显著的提高作用，且内在动机越强学习满意度越高。另外，学习者外在动机及内外动机转化研究还不够系统和深入，因此，学习者学习动机对于视频学习满意度的研究还有待进一步深入。

其次，已有研究主要从课程完成情况、学习成绩等方面探讨学习动机对学习的影响。研究表明，学习者对于学习内容的兴趣会直接影响学习动机，学习者的动机是影响教学视频完成情况的关键因素。张纲要等（2018）为了探究 MOOC 高退学率的原因，采用质性研究对 MOOC 中途退学者进行访谈，让其分享 MOOC 学习经验以及中途退出的想法与观点等，通过对访谈数据的编码分析，结果发现缺乏积极的动机是导致 MOOC 学习者中途退出的重要原因④。教学视频学习过程中，教师不仅要关注学习者学习动机的激发，也要重视学习动机的维持⑤。在教学视频学习中，不同类型的动机（比如内在动机、外在动机和成就动机等）对学习效果的影响也不相同。已有

---

① 钱爱平. 在线教学视频中弹幕对学习者的影响 [D]. 武汉：华中师范大学，2017.

② 徐碧波，李添，石希. MOOC、翻转课堂和 SPOC 的学习动机分析及其教育启示 [J]. 中国电化教育，2017，(9)：47-52.

③ 段朝辉. 在线视频学习中不同学习风格学习者的个性化交互活动模式及心理机制探讨：活动理论的视角 [D]. 武汉：华中师范大学，2018.

④ 张纲要，李紫衣. 基于质性分析的 MOOC 高退学率归因研究 [J]. 电化教育研究，2018 (1)：29-35.

⑤ 李卢一，许蓉，郑燕林. ARCS 模型视角下网络学习反馈设计 [J]. 现代远距离教育，2013 (3)：66-71.

的在线视频学习相关研究普遍认为，学习动机对学习成绩有显著影响，学习动机越强的学习者越容易取得好的成绩①，内在动机对于学习者学习效果有着重要作用②，动机内化程度越高，对学习成绩影响越显著；而外部动机与内部动机可以相互转化，因此可以通过向学习者提供外部支持促进外在动机转化为内在动机，进而改善学习效果③④。视频学习要求学习者有更大程度的自主投入，通过一定的外部激励、及时反馈激发学习者的外部动机，并将外部动机在一定程度上内化为内部动机。这种内化转变可以激发学习者保持学习动力，维持学习行为发生，取得一定的学习效果。反过来，良好的学习效果，又将给学习者带来较大满足感和成就感，又将强化学习者的成就动机。

第三，从学习期望与学习动机关系来说，期望价值理论是学习动机理论的重要组成部分，强调动机与行为产生的认知过程，因此信息加工学习理论中期望事项与动机相对应⑤。期望价值理论认为，学习者完成学习任务的动机是由学习者对该任务的期望以及任务的价值决定的⑥。学习者期望价值理论主要关注四种价值构成：获取价值、内部价值、效用价值以及成本价值。其中效用价值与学习者对任务有用性感知的期望有关，表明了学习者内在需求与动机之间的联系⑦。在期望公式 M（动机）$=V$（效价）$\times E$（期望值）中，效价是对所学知识的认知，即学习态度；期望值是对实现目标的估算，即信心。相关实证研究解释了动机如何与态度、信心等主观因素相关联，通过将外在目标期望与个人需求相结合，验证了学习动机与学业成绩存在显著

---

① 李雪平，王余娟. 初中生时间管理倾向及成就动机对学习满意度的影响［J］. 中国健康心理学杂志，2009，17（3）：311-313.

② Taylor G，Jungert T，Mageau G A，et al. A self-determination theory approach to predicting school achievement over time：the unique role of intrinsic motivation［J］. Contemporary Educational Psychology，2014，39（4）：342-358.

③ 高洁. 外部动机与在线学习投入的关系：自我决定理论的视角［J］. 电化教育研究，2016，（10）：64-69.

④ 衷克定，冯菲. 远程学习者外在动机内化的探索研究［J］. 开放教育研究，2009，15（3）：85-88.

⑤ 姜立利. 期望价值理论的研究进展［J］. 上海教育科研，2003（2）：33-35.

⑥ 温小勇，焦中明，孔利华，等. 教育徽章：促进网络学习的有效工具［J］. 现代教育技术，2014，24（8）：70-77.

⑦ 王培婷，刘琳. 论高等教育翻转课堂的教学设计与实施——基于学习者期望价值理论的视角［J］. 中国成人教育，2017（7）：98-100.

正相关[①②]。关于MOOC学习者持续使用行为的大量研究发现，用户使用前会产生某种期望，如课程质量、内容偏好、交互性、平台的易操作性等，在使用之后会对先前的期望得到不同程度的确认，如超过、达到或未达到期望。学习者通过实际体验，对于期望产生的不同程度的确认水平会影响学习动机，主要是对内在动机的影响，若学习者的学习需求得到满足，则能更有效地激发其内在动机。期望确认程度越高，学习者的内在动机水平和满意度水平也越高，产生的持续使用意向与行为也越强[③④⑤]。

第四，从内在动机来说，内在动机是影响学习者参与视频课程的关键因素。视频课程的特质，要求学生要有较高的自主性和专注力，内在动机作为中间桥梁间接传递自我效能感对学习参与度的正向效应能量[⑥]。自我效能感能够显著预测学习者的学习行为表现。自我效能感强的学习者往往会在学习过程中更多地使用回看、复述、精细加工、先行组织者等学习策略，将视频学习内容和已有知识内容紧密联系起来，便于进行视觉加工及知识建构活动。学习参与的效果与学习策略的使用有显著的正相关，对学习任务的兴趣浓厚、重要性估计较高的学生更倾向于使用监控策略。此外有研究证实，作为自我调节学习重要组成部分的动机调节也受自我效能感等因素的影响[⑦]，这种动机调节在促进学习参与度的同时也会提升学习者学习效果。从外部动机来说，以MOOC、微课、翻转课堂等为主的视频课程以讲座的单一形式呈现，学习者容易视觉疲劳；视频制作粗糙，流于形式，缺乏新意；学习论坛"冷冷清清"，学习者交互放任自流。这些问题导致学习者失去对视频课程的学习兴趣，损害学习者对视频课程的积极情绪，并可能形成他们对视频课程的负面

---

① WEN X. Motivation and Language Learning with Students of Chinese [J]. Foreign Language Annals, 1997, 30 (2): 235-251.

② 崔文尖. 基于期望价值理论的动机相关性因素实证研究 [J]. 当代教育理论与实践, 2013, 5 (4): 53-55.

③ 邹菊梅. MOOC学习者的持续参与行为研究 [D]. 杭州：浙江大学, 2017.

④ OYSTEIN SOREB, HALVARI H, GULLI V F, et al. The role of self-determination theory in explaining teachers' motivation to continue to use e-learning technology [J]. Computers & Education, 2009, 53 (4): 1177-1187.

⑤ 杨根福. MOOC用户持续使用行为影响因素研究 [J]. 开放教育研究, 2016, (1): 100-111.

⑥ 牟智佳. MOOCs学习参与度影响因素的结构关系与效应研究——自我决定理论的视角 [J]. 电化教育研究, 2017, (10): 37-43.

⑦ 雷玉菊，张冬静，牛更枫，等. 网络学习中学习者个人特征对学习投入的影响：一个有调节的中介效应模型 [J]. 心理与行为研究, 2017, 15 (2): 181-188.

感受，在其对视频课程的学习效果方面并未起到积极作用。相反，也有教师通过视频中嵌入问题、及时给予反馈、颁发结课证书、校际互认学分、学分银行、教师积极鼓励、表扬等策略提升学习者外部动机，激发学习兴趣，改善学习效果。

第五，关于成就动机对学习者视频学习影响的研究存在较大争议。有研究认为成就动机与视频学习的学习效果之间存在正相关关系，但相关性并不显著[①]。而一项以大学生为对象进行的研究中采用了 Gjesme 的成就动机量表，将成就动机分为趋近动机与避免动机，最终发现两者与学习成绩没有显著关联[②]。然而，也有许多研究得到了较为正面的结论，发现成就动机对学业成绩有显著的正向影响，成就动机越高的学习者其学业成绩越好[③④⑤]。此外，将内隐成就动机与外显成就动机看作是两个独立的系统，将两者区分开来进行实证研究发现，内隐成就动机与学习者学业表现有显著正相关，且学业情绪在两者之间存在中介效应，而外显成就动机与学业表现关系不显著[⑥]。

第六，研究者发现，在教学视频学习过程中，学习者是通过学习动机中认知策略及自我调节等认知因素的中介作用或调节作用来影响学习效果的[⑦]。学习者不仅对自身的认知过程进行监控、调节，还对自己当前的动机状态进

---

① AFFUM-OSEI E, ASANTE E A, BARNIE J, et al. Achievement Motivation, Academic Self-Concept and Academic Achievement among High School Students [J]. European Journal of Research and Reflection in Education Sciences, 2014, 2 (2): 24-37.

② AHMAD I, RANA S. Affectivity, Achievement Motivation, and Academic Performance in College Students [J]. Pakistan Journal of Psychological Research, 2012, 27 (1): 107-120.

③ SIKHWARI T D. A Study of the Relationship between Motivation, Self-concept and Academic Achievement of Students at a University in Limpopo Province, South Africa [J]. 2014 (6): 19-25.

④ BUSATO V V, PRINS F J, ELSHOUT J J, et al. Intellectual ability, learning style, personality, achievement motivation and academic success of psychology students in higher education [J]. Personality & Individual Differences, 2000, 29 (6): 1057-1068.

⑤ DAGNEW A. The Relationship between Students' Attitudes towards School, Values of Education, Achievement Motivation and Academic Achievement in Gondar Secondary Schools, Ethiopia [J]. Research in Pedagogy, 2017, 7 (1): 30-42.

⑥ 王静. 成就动机与学业成就的关系：学业情绪的中介效应 [D]. 郑州：郑州大学，2013.

⑦ 范春林，张大均. 学习动机研究的特点、问题及走向 [J]. 教育研究，2007 (7): 71-77.

行控制和调节，以维持学习所需的动力①。在学习过程中，学习环境变量先影响到学习者视频学习的学习动机，学习动机与认知要素交互作用再影响到学生对学习的投入，最后影响到学习成绩②。研究者也关注非认知因素对学习者视频学习过程中的影响，如情绪启动、社会交互等因素影响学习者的学习动机。

2. 教学视频中学习动机对注意力分配的影响

在心理学研究中，大多将视频学习者的动机分为信息获取性动机与人际情感性动机，以探究不同动机学习者在认知以及注意力等方面的差异。有研究以网络信息获取线索、情感满足线索、负性情绪线索和中性线索为刺激材料，考察不同水平学习动机学习者的注意加工特性，结果发现网络学习者普遍存在认知加工偏向，只是不同水平学习动机学习者优先加工对象不同，信息获取性动机者对信息获取线索存在显著注意偏向，人际情感性动机者对情感满足线索与负性情绪线索有显著注意偏向③。不同强度的学习动机水平对认知与注意分配的影响不同。低水平学习动机学习者整体认知偏向加强，注意范围扩大；而高水平学习动机学习者的整体认知偏向减弱，注意范围缩小、聚焦④。动机在对注意范围的影响中会促使个体重新分配有限的注意资源，在学习动机的驱使下，个体会更加关注当前学习任务，从而影响注意控制⑤。高水平学习动机学习者会将注意范围窄化，注意力难以从一个目标转移到另一目标，认知灵活性较差，因此高水平学习动机学习者对转换任务付出的代价更大；相反低水平学习动机学习者则扩大注意范围，增强认知灵活性，注意力更容易转移⑥。

---

① 雷玉菊，张冬静，牛更枫，等. 网络学习中学习者个人特征对学习投入的影响：一个有调节的中介效应模型 [J]. 心理与行为研究，2017，15（2）：181-188.

② PINTRICH P R. An achievement goal theory perspective on issues in motivation terminology, theory, and research [J]. Contemporary Educational Psychology, 2000, 25 (1): 92-104.

③ 张锋，马定松，周艳艳. 不同动机网络使用者对网络使用线索的注意偏向 [J]. 应用心理学，2007，13（2）：108-114.

④ 李晓东，王志杰. 情绪对注意的调节：基于效价还是动机？[J]. 心理研究，2016，9（4）：19-26.

⑤ 张光楠，周仁来. 情绪对注意范围的影响：动机程度的调节作用 [J]. 心理与行为研究，2013，11（1）：30-36.

⑥ 王春梅，吕勇. 情绪的动机性对注意控制的影响 [J]. 心理学探新，2016，36（4）：318-323.

探究学习动机对学习效果的影响是一个由来已久且经久不衰的课题，从现有研究现状来看，诸多研究皆表明学习者学习动机对视频学习的学习效果、学习满意度、注意力分配等会产生不同的影响，但对于学习动机究竟如何对视频学习的学习效果、学习满意度、注意力分配等产生影响，研究尚存在较大地分歧；此外，还有不少研究者基于对学习过程的关注，探讨学习动机作为中介或调节变量对视频学习的影响，遗憾的是，学界对此尚未形成较为一致的研究结论。因此，有关学习动机对学习效果、学习满意度、注意力分配乃至其中介作用的研究还有进一步完善的空间。基于此，本研究将学习动机作为教学视频中问题效应的潜在边界条件之一，尝试通过实验研究揭示学习者学习动机与教学视频类型对其学习效果的交互作用，并试图揭示这一交互效应对学习者视觉注意分配的影响程度，探索学习动机对学习效果的调节作用。

综上所述，国内外研究者在教学视频对学习者学习效果的影响方面已有一定的研究和见解。现有的研究主要聚焦在在线视频资源的交互内容、交互形式以及学习者潜在的边界条件对学习者学习效果的影响。虽然研究已经取得了较为丰硕的成果，但依然存在诸多亟待解决的问题。

第一，教学视频中是否嵌入问题，以及对问题是否提供反馈，对学习者学习的影响程度究竟如何，还需要通过实验方法进行检验，特别是有待借助眼动追踪等现代化技术手段深层次探究对学习者注意力分配的影响。

第二，学习者的先前知识经验对其在不同类型的教学视频的学习影响是否相同，知识反转效应需要研究者继续验证，并深入探索先前知识经验与教学视频的交互效应对学习效果的影响和注意力分配。

第三，学习者不同的学习动机，对其视频学习效果的影响也不尽相同。学习动机究竟如何影响学习者对教学视频的学习效果，不同动机水平与教学视频类型之间的交互效应对学习效果的调节作用如何，这些都有待通过实验研究加以深入探究和进一步验证。

最后，以往研究采用行为实验方法的情况较为多见，上述问题通过实验研究的结果能否在教学实践中加以验证，以检验其研究结果的客观性，还可以进一步拓宽研究结果的应用范围。

第三节　研究的总体设计

基于以往研究，结合前述内容分析出的研究问题和研究方向，本书主要对教学视频中前嵌问题与反馈对学习者学习效果影响程度进行探究，以探索嵌入问题的教学视频对学习者学习影响的程度及学习者视觉注意的影响，并结合研究实际对本书的研究内容进行总体设计。

本书的研究采用实验研究和教学实践两种方法，利用眼动追踪技术深入测量学习者注意力分配机制；研究将设计出教学视频无嵌入问题、教学视频中前嵌问题且不提供反馈、教学视频中前嵌问题且提供反馈三种类型的实验条件。本书的研究的总体设计主要分为三个阶段进行，分别包括基础实验研究、边界条件研究以及教学实践研究，总体设计框架如图 1.1 所示。

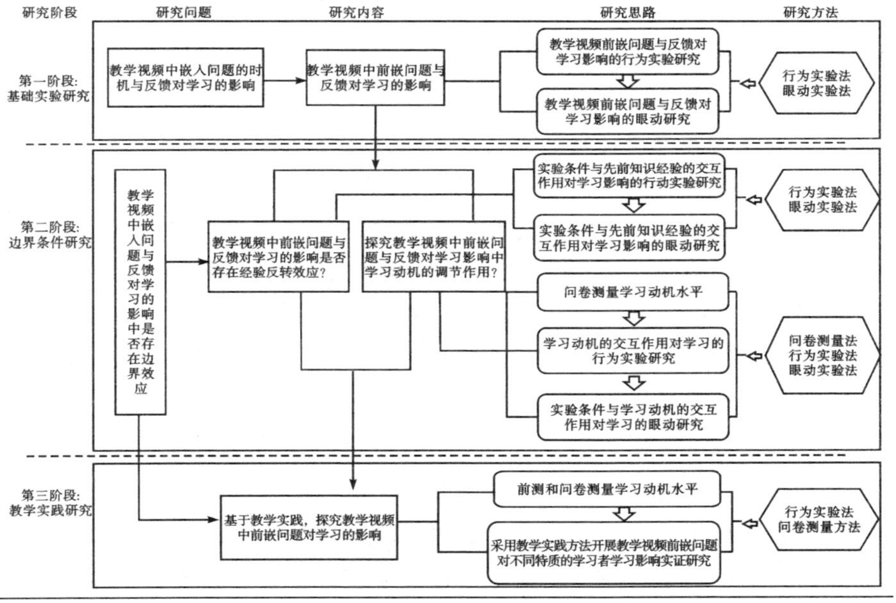

图 1.1 研究的总体设计框架图

在研究的第一阶段，本书将对教学视频中前嵌问题与反馈对学习者学习影响情况进行基础实验研究。研究问题主要是探究教学视频中前嵌问题与反馈对学习的影响。该研究首先采用行为实验方法，开展先前知识经验水平测试，再组织被试分组观看无嵌入问题、前嵌入问题无反馈和前嵌入问题有反馈三种不同类型的教学视频，测试被试的短时学习效果和长时学习效果，然后采用眼动跟踪技术测试被试的注意力分配，该研究是对教学视频中前嵌问题对学习影响所做的粗略研究，是在不考虑边界条件情况下进行的基础研究，其结果主要为后续研究中探讨的问题提供了基础。

在研究的第二阶段，主要考察教学视频中前嵌问题与反馈对学习者影响的边界条件，分为两个实验，分别考察学习者的先前知识经验水平和学习动机水平对学习的交互效应。在此阶段，第一个研究主要是探究教学视频中前嵌问题与反馈对学习的影响：经验反转效应。本研究是在第一阶段研究的基础上，探索对高低先前知识经验水平学习者的学习影响，进一步检验本书基础实验研究的研究结论。在研究思路的设计中，首先通过先前知识经验测验，将先前知识经验水平高低不同分为两组被试，再分别将高低知识水平的被试分小组观看不同类型的教学视频，检验短时学习效果（保持成绩、迁移成绩）和长时学习效果，探索其对学习者学习效果的影响，然后通过眼动追踪技术，测验不同先前知识经验水平被试的注意力分配情况，并试图揭示本实验中是否存在知识反转效应。该研究的研究方法主要采用行为实验研究方法和眼动追踪技术。

第二阶段的另一个研究主要是为了探究教学视频中前嵌问题与反馈对学习的影响，考察学习动机水平对学习影响的调节作用。该研究亦是在本书基础实验研究的基础上，探索对高低学习动机水平的学习者的学习影响中的调节效应，进一步检验前文基础实验研究的研究结论。在该研究思路的设计上，首先是通过成就动机问卷测量被试的动机水平，分组观看不同类型的教学视频，并完成短时学习效果（保持、迁移）和长时效果测试，探索其对学习者的学习影响；然后通过眼动追踪技术，测验不同动机水平的被试的注意力分配情况，考察被试对相关学习内容和所有学习内容的视觉搜索效率，以期揭示本实验中学习动机水平对学习的调节作用。该研究的研究方法主要采用问卷测量方法、行为实验研究方法和眼动追踪技术。

在研究的第三个阶段，主要是通过教学实践研究，探究教学视频中前嵌问题对学习的影响。本研究是在本书前两个阶段三个研究分别探索了教学视频中前嵌问题与反馈对学习效果影响和注意力分配情况的基础上，开展一项基于高校本科课堂教学实践的追踪研究，主要是为了进一步检验前两个阶段研究的结论，以便拓展其研究结论的应用范围。在本研究的研究思路设计中，通过组织某高校在校大学生，在课堂教学中按照正常教学计划学习部分课堂教学内容——前嵌问题的视频课程，以验证前面研究的结论。在研究过程中，首先采用行为研究方法和问卷调查方法，通过安排大学生参加先前知识经验水平和成就动机水平测试，把学生分为高低特质的不同被试小组；再组织被试在观看学习视频课程前嵌问题后进行短时学习效果的测试。该研究进一步探索是否存在知识反转效应，以及学习动机的调节作用。

从图 1.1 中可以看出，在本研究的总体设计中，第一阶段的研究主要探索教学视频中前嵌问题对学习的影响，未考虑研究的边界条件，为本书研究主题的粗略研究部分，构成后续研究的基础，是构成本研究第一阶段的研究内容。在此基础上，开展了第二阶段的研究，选择学习者个体的两个特质：先前知识经验水平和学习动机水平作为本研究的潜在边界条件，针对不同特质的被试分别开展了实验研究二和实验研究三。研究二和研究三的研究过程均是在第一阶段研究基础上的深化研究，用于检验基础实验研究所提出的结论，并揭示探索知识反转效应的使用原则，边界及影响因素等，是构成本研究第二阶段的研究内容。为了进一步验证在研究的第一、二阶段采用实验研究方法得出的研究结论，本研究在第三阶段开展了教学实践研究，即研究四的内容，通过教学实践，探索教学视频中前嵌问题对学习的影响。在不同的研究阶段和不同研究中，根据需要分别采用了不同的研究方法。

与以往的研究相比，本研究尝试将实验研究和教学实践研究有机结合起来，较为全面深入探究教学视频中前嵌问题与反馈对学习的影响，以期创新相关研究新的研究范式。

第二章　教学视频中前嵌问题与反馈的概述

信息化时代的教学，视频是非常重要的一种教学资源，而教学视频前嵌问题的交互形式可能会对学习者的学习带来一定的影响。为了深入探究这种交互形式对学习者学习的影响程度，下面将对研究中所涉及的核心概念及内涵进行全面界定，并系统阐述本研究的理论基础。在概念界定部分，本章对所涉及的交互式视频、知识反转效应、学习动机、视觉注意、视觉搜索效率、认知负荷、学习效果等基本概念进行详尽阐释；在理论基础部分，将着重介绍建构主义学习理论、思维型教学理论、多媒体学习理论、认知冲突理论、信息加工理论等理论，以期为本研究提供必要的理论支撑，同时也为进一步检验并尝试拓宽相关理论的应用范围。

第一节　核心概念界定与测量

一、交互式视频的概念

随着网络技术、宽带技术和多媒体技术的不断发展，交互式视频的数量和种类越来越多，在各领域的应用也越发广泛。然而提及交互式视频的概念，首先需要明确交互的含义，交互即交流互动，在教育学、心理学和设计类中经常被提到。不少学者均将交互概念运用到自己的学习理论中①。目前，国内外研究者对交互式视频的概念还没有一个统一的定义。交互设计师福克斯将交互式视频定义为通过各种技术手段，将交互体验融入到线性视频的新型视频；马里兰大学的 Dongsong Zhang 对交互式视频进行了定义，他认为交互式视频就是允许学习者自主随意地通过探索相关目标而掌握视频内容②。

---

① 宋晓雪. 含反思提示的交互式视频对学习者学习的影响 [D]. 武汉：华中师范大学，2017.

② ZHANG，ZHOU. Instructional video in e-learning：assessing the impact ofinteractive video on learning effectiveness [J]. Information & Management，2006 (43)：15-27.

不难看出，研究者在定义交互式视频时，都指出了学习者与学习内容之间交互方式多样化的特点，在强调视频线性呈现的同时，还突出了根据自身学习目标非线性选择的可能性。

伴随着微视频在教学和研究中的应用，交互式微视频吸引了国内不少学者展开相关的研究。张屹（2013）在其研究中对交互式微视频进行阐述，突出其“短、小、精”的特点，且内容完整、易于制作、便于传输，带有一定的交互设计[①]。郝雨（2016）在其硕士论文中也对交互式微视频进行定义，即交互式视频是指使用具有交互功能的课程设计软件制作，并能够适应所有移动终端浏览和交互的视频片段；还分析了交互式微视频的主要特点[②]。无论从哪一个定义来看，学者们对交互式微视频的理解都不尽相同，归纳起来有其共性的认识，交互式微视频即为有一定交互内容和形式的短视频，时长较短，一般为10分钟以内，在学习过程中学习者可以与视频有一定的交流互动。

在教学视频嵌入问题是交互式教学视频的一种比较常见的表现形式，要想充分发挥教学视频中嵌入问题的价值，需要对问题的嵌入位置、如何编制嵌入问题、是否要对嵌入问题给予反馈、嵌入问题呈现的时长等进行全面把握。首先，就问题的嵌入位置来说，一般有前嵌和后嵌之分，相应的教学视频也有前嵌问题教学视频和后嵌问题教学视频之别。所谓前嵌问题教学视频可以理解为将问题嵌入在单个知识点前，学习者先阅读问题，然后再进行视频学习，这种教学形式多用在阅读学习领域中，前嵌的问题通常充当引导的角色，引起学生注意力，帮助学生加工相关信息。与前嵌问题的形式相反，后嵌问题教学视频是指将问题嵌入在单个知识点后，学习者先观看视频，后回答问题，目前这种问题嵌入形式比较常见，如课后测评、知识点测评、期末考试等，传统教学中教师总是通过测试来检验学习者的学习效果。其次，如何设计和编制所需要嵌入的问题亦值得进一步探究。从嵌入问题设计的依据来看，嵌入问题的编制要能回应教学目标、契合教学内容、服务教学设计、提高教学效果；就嵌入问题设计的类型而言，嵌入问题类型应要多样化，常见的嵌入问题类型包括选择题、判断题、简答题等，嵌入的问题要灵活运用不同的问题类型以充分发挥不同嵌入问题类型的功能；就嵌入问题的价值来看，嵌入的问题应具有一定的引导性、针对性和启发性，让学习者能建立嵌

① 张屹. 交互式微视频教学资源的研发与应用［J］. 电化教育研究，2013（5）：48-54.

② 郝雨. 交互式微视频教学资源的开发与实践［D］. 石家庄：河北师范大学，2016.

入问题和学习内容的联系。再次，是否要对嵌入问题给予反馈，针对这个问题，研究者们展开了较为细致深入的研究，并认为嵌入问题是否需要提供反馈要兼顾前嵌问题和后嵌问题本身存在的功能差异。前嵌问题无论反馈与否，其答案或解释应在后续教学内容中有较为详细的介绍；而后嵌问题则需要学习者对教学内容的知识点进行后续学习和知识延伸，是现有教学中常用的检测学习效果的方式。最后，就嵌入问题呈现的时长而言，研究表明嵌入问题的时长要适当，一般以 10 秒为宜。一方面，嵌入问题呈现的时间过长，不仅会增加教学视频的总时长，增加学习者观看视频的任务量；而且会在某种程度上分散学习者的注意力，甚至造成一定程度的疲劳效应，进而影响学习者的学习效果。另一方面，较少嵌入问题的呈现时间，虽然能缩短教学视频的总时长，减轻学习者观看视频的任务量；但可能会因为嵌入问题时间太短造成学习者没看清及没理解嵌入问题的结果，这样的话，势必会导致耗费一定的时长却无法获得预期效果的不良结果。

本研究中所用教学视频体现了“短、小、精”的特征，是交互式微视频的一种常见形式。依据上述对制作和使用交互式视频的基本要求以及本研究的研究设计和思路，研究人员提前制作了三种不同类型的教学视频，分别为无问题嵌入教学视频、问题前嵌但无反馈教学视频和问题前嵌有反馈教学视频，其中提供问题反馈的时间为 10 秒。实验将以此交互式教学微视频为教学内容，组织学习者开展学习及相关活动，并进行后续相关的研究。

二、知识反转效应的概念

国外研究者对反转效应的定义最早起源于股票交易市场，对其有较为一致的认识，即在一定时间内，较差的股票经历大逆转，而较好的股票趋向于差的表现，被学者们称为反转效应。随着研究的不断深入，反转效应的应用越来越广泛。反转效应在教育领域的应用，给教育研究工作者提供了新的研究思路。

为了更好探索不同知识水平学习者的有效教学，20 世纪 90 年代，学者们提出了知识反转效应这一重要的概念。知识反转效应，英文名是 expertise reversal effect，又被称为经验反转效应。其研究范式起源于能力倾向与教学处理交互作用观（aptitude-treatment interaction，ATI）①。张冬梅、路海东

① KALYUGA S，AYRES P，CHANDLER P，et al. The expertise reversal effect [J]. Educational Psychologist，2003，38（1）：23-31.

(2015)在其研究中把随着先前知识经验水平的提升，教学方法的有效性出现反转的现象界定为知识反转效应[①]。知识反转效应的研究主要是探索对不同先前知识经验水平的学习者采用教学方法的规律性，先前知识水平和教学方法是其重要的两个因素，而先前知识水平在知识反转效应中一直都处于核心位置(Tobias 1973，1976，1989，2003，2005)。教学方法在此应该是很宽泛的概念，包括指导教学、知识提示、图像表征以及适应计算机在线教学的学习材料等。

知识反转效应发生的原因到底是什么，学者们对此进行了探索和研究。有学者把发生知识反转效应的原因归咎于高水平学习者在处理冗余的教学信息时会带来额外的心理认知负荷。相比较于低知识经验水平的学习者，看似有效的教学方法则对高知识经验水平者不仅帮助不大，反倒是一种多余的负担，这种负担不但不会促进学习，反而会分散其注意力，占用他们的有限的认知资源，从而会影响到学习效果。知识反转效应是学习者个体特质与多媒体教学资源之间交互作用的重要研究发现，这为多媒体学习理论和信息加工理论的研究与实践提供重要的指导作用。

从知识反转效应的表象来看，也有其明显的区别。一般而言，当用于较低知识经验水平的教学方法能提升其学习者的学习效果，用于高知识经验水平的学习者则会出现知识反转现象，教学方法无效或起到负面的影响。反之，用于较高知识经验水平的有效方法，对于低知识经验水平的学习者没有效果或负面影响。一些学者在其研究中证实(Leahy，Sweller，2005)了知识反转效应[②]。另外，考虑到对学习者的影响程度不同，有学者在研究中将知识反转效应分为完全知识反转效应和部分知识反转效应。例如，赵立影在其博士论文《多媒体学习中的知识反转效应研究》中对此进行了界定分析[③]。他认为，完全知识反转效应强调的是教学方法与学习者先前知识经验水平之间存在显著交互作用，对低知识经验者水平有效的教学方法会对高知识经验水平的学习者产生负面影响，反之亦然。部分知识反转效应则是对一个对象有显著影响，而对另外一个对象无显著影响，比如对低知识经验水平的学习者

① 张冬梅，路海东．知识反转效应：含义、机制、实验证据与展望[J]．中国心理学会发展心理专业委员会年会，2015.

② LEAHY，SWELLER. Interactions among the imagination，expertise reversal，and element interactivity effects [J]. Journal of Experimental Psychology：Applied，2005，11 (4)：266-541.

③ 赵立影．多媒体学习中的知识反转效应研究[D]．上海：华东师范大学，2014.

的学习效果有显著影响，对高知识经验水平的学习者则不会有显著影响。

本研究中在教学视频中嵌入问题，并把嵌入问题的教学视频课程作为代表教学方法的一个自变量，探讨与不同先前知识经验水平的被试在学习中两因素之间的交互作用对学习的影响。关于嵌入问题与反馈是否对学习者发生知识反转效应，本书将从学习者的学习效果和注意力分配两个方面进行深入考察。

三、学习动机的概念和测量

国内外研究者对学习动机的定义是从不同角度、层次加以阐述的。学习动机是指个体在内部或外部目标的作用下，启动、维持和调节学习行为的内在心理过程①（宋兵，2013）。于娜丽，赵映川（2018）认为，学习动机是激发学生个体进行学习活动、维持已经引发的学习活动，并使其行为朝着一定的学习目标发展的一种内在过程或内部心理状态，是学习行为发生的直接推动力②。学习动机是一个生态性的多因素影响模型，学习动机会受到多种因素的影响。学习动机与学习者之间、学习者与教师之间的交互次数、学习者对网络学习的满意度以及学习成绩之间都有着显著的相关性③。显而易见，在教学视频学习中，学习动机是影响学习效果的重要因素之一，与学习满意度也有一定的关联作用，相比较于传统课堂和资源，学习者应用教学视频进行高效学习可能更需要学习者良好的学习动机。

对于学习动机的测量，不同的学习者采用不同的测量方法，其侧重点不一样。有关成就动机测量表（the achievement motive scale，AMs）英文版的最早研究始于 20 世纪六七十年代，是由挪威心理学家 Gjesme 和 Nygard 在 1970 年正式编制成功，后经多次修订完善。国内学者叶仁敏和挪威的 Hegtvet 等人于 1988 年在大学生和中学生学习者中进行合作修订④，设计出中文版的成就动机测量表。此量表分为追求成功的动机（Ms）和避免失败的动机（Maf）两部分。量表采用 4 点里克特量表计分，从“非常符合”到

---

① 宋兵. 影响远程学习者学习动机的因素分析 [J]. 中国远程教育，2013（11）：62-67，96.

② 于娜丽，赵映川. 大学生慕课感知质量对学习满意度的影响——学习动机的中介作用 [J]. 中国人民大学教育学刊，2018（1）：113-124.

③ SEAN，EOM，JOSEPH，et al. The Determinants of Students' Perceived Learning Outcomes and Satisfaction in University Online Education：An Empirical Investigation [J]. Decision Sciences Journal of Innovative Education，2006，4（2）：215-235.

④ 叶仁敏，KUNT A，HAGTVET. 成就动机的测量与分析 [J]. 心理发展与教育，1992，8（2）：14-16.

“非常不符合”，分别记为4～1分。研究认为，成就动机得分＝追求成功的动机－避免失败的动机，得分越高表示成就动机越强。经过学者们广泛的研究结果表明，该量表具有较高的信度和效度①，在针对大学生和中学生学习动机的测量与评价中应用较多。

袁新（2014）等人修订了Wolters和Benzon（2013）编制的动机调节问卷（motivation regulation scales，MRS），在内容设置上分别从自我强化、价值调节、表现性目标调节、情境兴趣调节、掌握性目标调节和学习环境构建共六个维度进行测评。该问卷共30个题目，采用Likert 7点计分（1非常不符合～7非常符合），在测试中要求被试在每个题目后面选择符合项目，经过测定具有很高的信效度②。该量表也是研究者经常采用的测量工具。

王迎和彭华茂等人则从认知内驱力、自我提高内驱力、附属内驱力三个不同维度对学习者的学习动机分别进行测量，并编订相应的问卷《成人学习者学习动机测量工具的编制与应用》，经测量具有良好的内部一致性信度和结构效度③。在探究学习者学习动机、自我效能感、归因与学习策略的关系时，他们又从上述三个维度编订《远程学习效能感问卷》和《远程学习者学习动机问卷》。通过相关研究还系统地分析了《远程学习者动机问卷》的信度和效度（王迎等，2006），他们发现该量表主要聚焦在学习动机测量方面，而对影响学习动机的因素并没有涉及。该量表主要用于远程学习者动机的测量，可能有一定的局限性。

在探究影响学习者学习动机的因素方面，宋兵（2013）在其研究中使用的学习动机量表是改编学习策略量表（learning and study strategies inventory，LASSI）的学习动机部分④。其中学习动机部分一共包括8个题目，所有问题采用完全不符合到完全符合七个等级，分别计分1～7分。通过系列研究得出的结论表明，影响远程学习者学习动机的因素包括：学习支持性、学习兴趣、网络课程质量、学习支持服务和个人时间等。研究还发现，这些因素的

---

① 迟昊阳，赵冉，侯志瑾，等. 大学生完美主义与拖延：成就动机的中介作用［J］. 中国临床心理学杂志，2012，20（2）：233-236.

② 袁新. 大学生网络学习动机信念对学习投入、元认知调节策略的影响：动机调节策略的中介作用［D］. 武汉：华中师范大学，2014.

③ 王迎，彭华茂，黄荣怀. 远程学习者学习动机测量工具的编制与应用［J］. 开放教育研究，2006（5）：74-78.

④ 宋兵. 影响远程学习者学习动机的因素分析［J］. 中国远程教育，2013（11）：62-67，96.

调节都会对学习者学习动机产生直接的影响，进而会影响学习者的学习效果。

张文兰、程小娟和夏小刚等人，基于凯勒的 ARCS 动机模型编制了电子书包环境下中学生学习动机及其影响因素调查问卷①。该问卷分两个部分，其中学生学习动机量表有十二个二级指标，在动机影响因素分析这一部分包含了十一个二级指标。在问卷两个部分都采用了里克特五点量表形式，从极不同意到非常同意，分值为 1～5 分。经过实验检验分析，该问卷有较高的信度和结构效度。

成就动机是一种主观的内在驱动力，使人们从事他们认为有价值的工作。研究表明，不同的学习者具有不同的成就动机，而对于每个个体来说，其成就动机是相对稳定的。Atkinson② 认为成就动机由追求成功的动机和避免失败的动机两部分组成。追求成功的动机较强的学习者更倾向于选择可以发挥自身优势有利于自己取得成功的学习任务，而避免失败动机较强的学习者会尽量避免选择容易失败的任务。这种说法在国内外得到了较为一致的认可，因此，关于成就动机的测量便从这两部分展开，综合两部分测量结果后得出最终的成就动机量值。

考虑到本研究主要选择大学生作为被试开展教学视频的实验研究和实证研究，同时，也综合上述诸多的学习动机的概念以及测量方法，后续研究中将选择采用成就动机测量表（中文版）作为实验的测量工作，分别从追求成功的动机和避免失败的动机两方面进行考察，对实验中随机选择的在校大学生被试群体开展学习动机的测量与分析，以探索学习者学习动机水平对其学习效果以及注意力分配机制的影响。

四、视觉注意的概念和测量

视觉注意在心理学研究领域是一个常用的概念，以往对其内涵的理解也有多种不同的描述。已有研究中，吴新年等人（1995）认为视觉注意在视觉信息加工和视知觉过程中具有很重要的作用③。杨九民在其博士学位论文中界定，

---

① 张文兰，成小娟，夏小刚. 中学生基于电子书包学习的动机现状及其归因分析［J］. 中国电化教育，2016（7）：80-86.

② 王静. 成就动机与学业成就的关系：学业情绪的中介效应［D］. 郑州：郑州大学，2013.

③ 吴新年，汪云九. 视觉注意的认知和神经生物学模型［J］. 心理学动态，1995（3）：16-22，29.

视觉注意是指个体通过视觉选择，使其视觉活动对外界某种事物的指向和集中[①]。这里强调了视觉注意的两个关键特征：指向性和集中性。简而言之，指向性说明的是个体在学习活动中只选择了某个目标，而忽视周围其他目标，是方向特征；集中性则是由于关注在所选择的目标上而产生的心理焦虑程度，是强度特征。然而有关心理物理实验研究也表明，我们不能同时、立刻看到视觉场景中的所有目标。对目标的注意有先后、时间长短之分，其中注视时间和注视次数是其最为重要的指标。通常，视觉过程被分为两个阶段：预注意和集中注意[②]。无论是指向和集中，还是预注意和集中注意，都客观地展示了注意是人先通过视觉捕捉到目标，再集中精力去深层次加工的进程。上述的两种解释都表明了视觉注意是学习发生的前提，视觉注意分配的不同也会导致不同的学习效果。

眼动追踪方法在 19 世纪就开始被学者采用，然而早期的眼动技术较为简单，有些研究还是用肉眼观察，即便是使用当时的仪器设备，也很难克服数据误差大和难以操作的缺点。随着设备智能化水平的不断提升，眼动追踪技术在心理学、教育学和医学等多个领域得到广泛的运用。眼动追踪技术能够将学习者在学习过程中的视觉注意情况完整记录下来，研究者可以分析数据，总结出学习者视觉注意分配情况，描述其在学习过程中信息加工的特点。为了解学习者注意分配情况，研究者通过眼动仪记录一些眼动的具体指标数据来完成测量。余惠芬在其硕士论文中对眼动指标进行了较为详尽的描述。一般而言，眼动实验测量中几个最为常用的指标分别是：注视次数、注视时间、眼跳距离。其中，注视次数可以反映被试对画面内容的熟悉度和兴趣度；注视时间用于反映学习者对画面内容的认知加工和注意力分配情况；眼跳距离能够反映学习者的学习效率和学习材料加工难度。此外，在眼动追踪实验研究中，研究者根据需要在视觉画面中确定一块着重分析的目标区域，即兴趣区。各项眼动指标及其含义的描述具体见表 2.1[③]。与余惠芬硕士学位论文中对眼动指标含义的总结相比，在本研究中笔者又增加了首次注视达到时间这一指标及其含义的应用，首次注视到达的时间长短能直接反映学习者对学习内容注意的程度。首次到达的时间越短，说明学习者对学习内容的注意力越

---

① 杨九民. 在线视频课程中教师对学习过程与效果的影响［D］. 武汉：华中师范大学，2014.

② 吴新年，汪云九. 视觉注意的认知和神经生物学模型［J］. 心理学动态，1995（3）：16-22，29.

③ 余慧芬. 教学视频中不同类型的线索对学习的影响研究［D］. 武汉：华中师范大学，2017.

高，能快速进行信息搜索；反之，则表明学习者对学习内容的关注度不够，这些因素有可能影响最终的学习结果。

表 2.1 各项眼动指标及其含义

眼动指标	基本含义
总注视次数	一个画面或者一个兴趣区中注视点个数之和
平均注视次数	落在每个兴趣区内的平均注视点个数
注视次数比	停留在某个兴趣区域内的注视次数之和与总注视次数的比值
总注视时间	落在视觉画面里所有注视点的持续注视时间总和
平均注视时间	每个注视点持续注视时间的平均数
首次注视时间	首个出现在兴趣区内的注视点的持续注视时间
首次注视到达时间	首个出现在兴趣区内的注视点的时刻
凝视时间	从首个进去兴趣区的注视点开始到注视点首次离开这之间持续的注视时间
注视时间比	停留在某个兴趣区域内的注视点持续时间之和与全部注视持续时间之和的比值
眼跳距离	两个连续注视点间距离的长度

本研究中需要通过眼动实验进行考察的重点除了上述几个关键指标，在学习者观看视频屏幕时，也会呈现出对屏幕的热区分布情况。这种热区分布情况即为热区图，它是对学习者在所有屏幕图案或屏幕上某一图案上兴趣点的叠加，是一种定性分析。在热区图上，红色代表较高的注视水平，颜色越深表示注视时间越长，蓝色表示代表较短的注视时间。以往研究中发现，热区图的应用也是较为常见的方式，可以从被试观看图形中的视觉注视时长反映他们对内容的注意程度①②。

综上可以发现，在眼动追踪技术的运用中，我们需要考虑采用上述多项眼动指标，用于综合评测学习行为发生时学习者在不同内容的选择与关注，而单个指标很难对视觉注意做出科学客观的评价；此外，还可以通过热区图分析情况进一步说明被试对学习内容的关注程度。本研究将通过现代化的眼

---

① 安璐，李子运．教学 PPT 背景颜色的眼动实验研究［J］．电化教育研究，2012（1）：75-80.

② 程时伟，孙凌云．眼动数据可视化综述［J］．计算机辅助设计和图形学学报，2014（5）：698-708.

动追踪技术对学习者学习的视觉注意分配情况进行测验，将主要采用注视时间比、首次注视到达时间和总注视时间等多项眼动指标的数据处理进行分析研究，以揭示学习者对不同类型教学资源的注意力分配情况。

五、视觉搜索效率的概念

在人类探知世界的过程中，视觉搜索是一个重要的信息获取方式。为了测试视觉搜索的情况，在实验过程中一般要求被试在某一背景下找到一个特定的刺激信号。此外，视觉搜索任务可由一个或两个搜索目标来构成，完成搜索任务的时间是从目标刺激的呈现开始到目标被找到的那段时间①。

就搜索过程而言，视觉搜索包含两个阶段，一是“扫描”，这是初步加工的前注意阶段；二是“搜索”，也可以理解为特征整合阶段②。在第一阶段，被试对所有显示的内容进行视觉信息加工，并对所观察的内容提取限量信息；第二个阶段中，被试对感兴趣的区域进行更深层次的加工，以获取更多信息。然而，在视觉搜索过程中，被试往往会受到一些复杂信息的影响，需要对特定的刺激源进行持续扫描才能完成搜索目标的任务。以往研究发现，在视觉搜索过程中，被试的注视次数是反映其视觉搜索效率的关键指标，一般而言，注视次数越多，表明被试对搜索目标识别的不确定性越高，搜索效率越低③④。

视觉搜索效率通常是由搜索所需时间和搜索的正确率来决定的。在前文视觉注意一节中描述的视觉注视时间，即是完成信息内容搜索所需的时间。而搜索的正确率则是反映了对信息内容记忆加工的准确程度，正确率的测量一般是由经过后续专门检验来考核的。眼动追踪技术的使用，让视觉搜索注视时间的测量过程科学简便，反应时长的结果也客观准确。通常，在搜索中完成知识内容所需时间越短，搜索检验的正确率越高，说明视觉搜索效率越好，反之则说明视觉搜索效率越差。

---

① NAGLIERI, DAS. Construct and criterion related validity of Planning, simultaneous and successive cognitive Processing taks [J]. Journal of Psychology Educational Assessment, 1987 (4): 353-363.

② TREISMAN A, GELADE G. A Feature integration theory of attention [J]. Cognitive Psychology, 1980, 12 (1): 97-136.

③ ZELINSKY G J, SHEINGERG D L. Eye movements during parallelserial visual search [J]. Journal of Experimental Psychology: Human Perception and Pre-formance, 1997, 23 (1): 244-262.

④ 宫勇，张三元，刘志方，等. 颜色对图标视觉搜索效率影响的眼动研究 [J]. 浙江大学学报（工学版），2016，50 (10)：1987-1994.

本研究中，通过检验学习者对不同类型教学视频的学习效果，深入探索教学视频中嵌入问题与否以及反馈机制不同的交互形式对学习者视觉搜索效率的影响程度。

六、认知负荷的概念

目前，国内外学者对认知负荷的界定都没有形成一致，有很多种不同的理解和分类。仅认知负荷的名称就出现很多种不同的叫法，英文文献中“cognitive load”出现的频率最高，中文翻译除认知负荷外，还有工作负荷、心理负荷等。就其定义而言，国内学者赵俊峰定义的认知负荷，包含着理论和实践两个层面的意义。其中，理论层面主要是依据实验室研究，将认知负荷界定为学习者完成某特定认知任务时，需要的心理资源总和；在实践层面，主要强调在单位时间内学习者知觉到的认知加工任务的份量①。此外，学者安其梅、吴红等人（2015）认为，认知负荷有广义和狭义之分：广义上，认知负荷是指在一定任务环境下，学习个体在进行认知活动时，当前任务施加给学习者认知结构的总量；狭义上，则是指在一定学习时间与条件下，不同的学习者在学习活动中，加工不同的任务所需占用认知系统的认知总量②。

另外，国外学者 Quiroga、Crosby 和 Iding（2004）的研究认为，认知负荷是指用来促进学习活动的认知资源投入程度。Sweller（2010）认为认知负荷可以分为内在认知负荷、外在认知负荷和关联认知负荷，个体在完成特定任务时，施加于其认知系统的心理活动总量，也就是三种负荷的总和③。其中，内在认知负荷是与学习材料的性质有关，其负荷的大小取决于工作记忆中同时被处理信息的数量以及与已存在的图式的联系；然而，外在认知负荷与外在的信息呈现和组织方式有关，但是与学习目标无关，反而会干扰学习；关联认知负荷则是指学习者在进行某项特定的学习任务时，把认知资源用于进行更高级、更有意义的认知加工，这种负荷能够有效促进他们的学习。

本研究综合上述研究者的观点和认识后认为，关于认知负荷的理解可以界定为学习者在完成特定认知任务时，所需要认知资源的总量。本研究中，学习者在观看学习教学视频过程中，教学视频中嵌入问题以及是否反馈可能

---

① 赵俊峰. 中学生学习过程中认知负荷的现状及其影响因素［D］. 北京：北京师范大学，2007.

② 安其梅，吴红. 认知负荷理论综述［J］. 心理学进展，2015（5）：50-55.

③ SWELLER J. Cognitive load during problem solving: Effects on learning［J］. Cognitive Science，2010，12（2）：257-285.

会对学习者的认知负荷带来影响，造成学习者额外的认知负担，而认知负荷的变化是促进还是干扰学习者学习，其学习效果和注意力分配又有哪些具体的影响，在后续研究中，可以运用认知负荷的概念对上述研究结果和现象加以分析和解释。

七、学习效果的概念与测量

学习效果的测量是学习过程中常见且必要的一部分。首先，在如何界定学习效果的问题上，学者们纷纷开展相关的研究。杨九民博士论文中对学习效果的概念进行了阐述，学习效果即指学习的结果，亦称学习成果，是指学习者对知识的理解与掌握程度①，这与众多研究者的普遍认识较为一致。

再者，学者们对学习效果的分类及其测量方面的认识则不尽相同。就学习效果的分类而言，既可以按照时间维度进行划分，也可以根据对知识的掌握程度进行分类。按照时间的长短进行分类，学者们把学习效果分为短期学习效果、中期学习效果和长期学习效果。其中，短期学习效果即是指学习者在学习过程结束后较短时间内测量其对知识内容的掌握情况，中期学习效果则是强调几个小时后或几天后学习测量的情况，长期学习效果就要求活动结束后较长时间学习者再完成测量。上述三种学习效果最大不同之处是施测与观看教学视频结束后间隔时间的长短，并且研究者也对间隔时间都给出较为具体的建议，既有相对的比较，又有较为绝对的时间规定。短期学习效果测验一般是安排被试观看完视频后很快进行，而长期学习效果的测试需要安排在 30 天以后再进行，中期测试的间隔时间应介于二者之间，一般为几天或几个小时。相比而言，长期学习效果的测试组织难度较大，由于被试观看视频的时间跨度较长，要求被试参与可能会受到多方面因素影响，难以全部参加，被试数据丢失的现象时有发生。

然而，也有学者按照对知识的掌握程度来划分学习效果，将学习效果分为保持和迁移两类②。保持效果是指学习者对新知识的掌握情况，保持测验安排在观看教学视频较短时间内进行，一般是观看学习结束后很快开始。保持测验由研究者提前准备好测验题目，测验内容涵盖了教学视频中的知识点，学习者完成测验花费时间不宜太长。迁移效果主要强调将新知识应用于新情

---

① 杨九民．在线视频课程中教师对学习过程与效果的影响［D］．武汉：华中师范大学，2014．

② 张家华，张剑平，黄丽英，等．“三分屏”网络课程界面的眼动实验研究［J］．远程教育杂志，2009（6）：74-78．

境的测试情况。迁移测试应围绕原教学视频的知识点拓展方面进行考察，一般也在观看视频后较短时间内完成。迁移测试题目的难度可能较大，由于测验的内容不是教学视频直接的知识点，而是其内容的延展或相关方面。

无论从哪个维度讲，学习效果的测量都是要求研究者根据教学视频所涵盖的知识点或相关内容制定测量题目。在短期学习效果测验中，保持效果的测验题目须覆盖在教学视频的知识点以内，迁移效果的测验须围绕其内容的相关方面进行拓展后制订题目。长期学习效果的测验题目主要是围绕视频知识点制订，主要强调了间隔时间的跨度。

结合上述概念及分类情况，为方便考察，本研究将通过行为实验方法主要从时间维度来考察学习者短期学习效果（又称短时学习效果）和长期学习效果（又称长时学习效果）；另外还考察对知识的掌握程度，对学习者短时学习效果考察时从知识的保持效果和迁移效果两个方面分别考察。本研究中短时学习效果的测量时间安排在实验结束后立即进行，一般会在 20 分钟内结束，而长时学习效果测量则选择实验结束后 45 天进行。

根据本书后续研究需要，本节分别对交互视频、知识反转效应、学习动机、视觉注意、视觉搜索效率、认知负荷和学习效果等概念与测量进行了详尽阐述，较为系统分析了上述概念的内涵和应用范围，特别是在开展相应测量时事项的界定，为后续研究顺利开展提供必要的支撑和依据。

第二节　研究的理论基础

一、建构主义学习理论

建构主义学习理论（constructivist learning theory）是认知主义学习理论的重要流派，以皮亚杰（J. Piaget）为代表的心理学家在 20 世纪 60、70 年代的研究为建构主义的发展奠定了基础，20 世纪 90 年代起开始在全世界范围内流行并日益产生非常大的影响①。皮亚杰在建构主义的描述中认为，学习者是在学习过程中，逐渐建构了外部的知识信息，从而促进了自身认知结构的发展。他在研究中把学生与外部信息相互作用的过程分为同化和顺应，这是学习者认知结构发生变化的两种途径或方式，其中，同化可以理解为认知

① 何克抗. 关于建构主义的教育思想与哲学基础——对建构主义的再认识［J］. 现代远程教育，2004（3）：12-16.

过程的量变，而顺应则可以理解为认知过程的质变。国内学者认为，学习是引导学生从原本经验出发，建构起新的经验①。尽管不同的学者对建构主义有不尽相同的观点，但都能认同建构主义学习理论的核心意义可以概括为：以学生为中心，强调学生对知识的主动探索、主动发现、主动加工和主动建构②。

建构主义学习理论的内容非常丰富，其基本观点主要包括建构主义的知识观、学习观和教学观③。其中，建构主义知识观认为知识不是客观存在的，而是通过学生主动的认知过程获取的，主要强调的是学生的主动性。不同学习者会依据自己先前的经验背景对相同的知识内容进行不同意义的建构，学习者对知识内容的加工与获得只有通过自己主动建构才能完成。学习者的知识经验不同，也会导致他们通过主动建构后获取不同程度的知识内容，这有可能对学习效果有一定的影响。建构主义知识观导致教学内容、教学方式和教学方法等发生了彻底变革，使得教师在教学设计中需要重新考虑如何帮助学生主动建构知识，如何更好地引导学生质疑、探究、积极主动地参与到教学环境与教学活动中，自主开展有意义建构的学习。

然而，建构主义学习观认为，既然知识并非客观存在，那么建构主义的学习则是根据已有的知识储备，学习者对外部信息进行自主选择与主动加工，进而完成对所关注信息有意义的建构。在建构主义的学习中，建构有两方面内容，一方面是接收新的知识信息，另一方面是对旧知识的重组。建构主义的学习是学习者主动的学习，突出强调就是学习者对知识信息的主动加工。高文（1999）在其研究中表明，建构主义学习的特征主要包括：积极的学习、建构性的学习、累积性的学习、目标指引的学习、诊断性学习与反思性学习等方面④。

基于建构主义的知识观和学习观，学者刘儒德在其建构主义的教学观中认为，教学非一般简单的知识传授，需要通过创设一定的教学情景来实现，从而促进学习者有意义的知识建构⑤。建构主义的教学策略是在教学过程中

---

① 李方．教育知识与能力［M］．北京：高等教育出版社，2011：11.

② 王继新，张屹．远程教育原理与技术［M］．北京：北京大学出版社，2008：1.

③ 刘儒德．建构主义：知识观、学习观、教学观［J］．人民教育，2005（17）：9-11.

④ 高文．建构主义学习的特征［J］．全球教育展望，1999（1）：35-39.

⑤ 刘儒德．建构主义：知识观、学习观、教学观［J］．人民教育，2005（17）：9-11.

坚持以学习者为中心，在学习正式发生之前先通过创设有意义的问题情境，让学习者在学习过程中发现问题，进而学习与问题有关的知识，并逐渐形成解决问题的能力。同时，在此建构过程中，学习者积极主动参与、不断体验，学习者体验这些预设问题情境形成并强化自己对知识的理解，以提高学习效果。建构主义的教学原则包括：为学生创建真实的学习情境，尽量设计真实的任务，教学以学生为中心，充分尊重学生个性化发展，注重互动的学习方式，注重学生先前的学习经验，帮助学生主动建构地学习，引导学生诊断性学习与反思性学习。

视频资源是一种重要的资源形态，具有教学属性。从建构主义学习理论的视角来看，具有交互功能的教学视频资源构成了交互式的学习环境。有学者认为，在这个环境中，学习者可以通过与环境交互而主动建构学习者自己内心的心理表征①。在对教学视频相关的应用研究中，张雅琪、崔烨和李雪薇等人在其硕士学位论文的文献中概括出以建构主义学习理论为基础进行教学视频的交互设计②③④。魏小迪在其研究中指出，可以通过交互理论构建支持学习者交互学习的信息化学习环境⑤。在视频教学资源中，教学视频内容中的交互功能不仅为学习者提供了丰富的教学形式，还促使学习者主动参与到视频内容的学习中，充分体现了学习者的主体性⑥。另外，学生在观看视频时，需要主动完成学习，并对视频内容信息进行有意义的建构。

综上发现，视频资源的学习是学习者对知识内容进行主动建构的过程，在视频资源中增加问题和反馈，从形式上丰富了资源的呈现方式，但是否能更加吸引学习的注意力，从而激发学习者的学习兴趣，都需要把建构主义学习理论作为重要的理论基础，理解分析在学习者观看教学视频时在学习效果和注意力分配等方面所产生的影响，并希望以此来检验建构主义学习理论在视频资源学习中的理论意义。

---

① 周军平. 建构主义学习理论及其倡导的教学模式 [J]. 兰州交通大学学报，2006 (4)：121-124.

② 张雅琪. 视频教学资源的交互设计与研究 [D]. 太原：山西师范大学，2016.

③ 崔烨. 交互式微课的设计与开发研究 [D]. 聊城：聊城大学，2016.

④ 李雪薇. 网络课程中交互式微视频的设计与应用——以《教学系统设计》为例 [D]. 太原：山西师范大学，2016.

⑤ 魏小迪. 交互理论在信息化学习环境构建中的应用研究 [D]. 长沙：湖南师范大学，2011.

⑥ 张雅琪. 视频教学资源的交互设计与研究 [D]. 太原：山西师范大学，2016.

二、思维型教学理论

学习者思维活动在课堂教学中的应用和研究兴于20世纪70、80年代，国内外学者对此有着诸多相应的研究及论述。随着时代的发展，关于学习思维活动的研究越发深入。美国教育学家约翰·杜威在其研究中提出了“反省的思维分析”，描述了通过“做中学”的思维来提出并解决问题，最后验证的教学步骤①（赵祥麟、王承绪，1981）。布鲁纳教学理论指出“发现学习”是由学生自己发现问题和解决问题的一种教学方法，其核心是强调以培养学生独立思考、发展探索性思维为目标②（布鲁纳，1982）。威廉姆斯（1972）提出的“认知—情感交互理论”则强调教师在教学过程中运用启发创造性思维的策略以提高学生的创造性思维③。国内著名心理学家林崇德教授，经过三十多年不断地研究与实践，创造性提出了聚焦思维结构的智力理论④（Lin，Li，2003）。由此发现，学者们都突出强调了学习思维活动在教学过程中的重要作用，并且贯穿教学的全过程。

基于聚焦思维结构的智力理论⑤，林崇德和胡卫平提出了思维型教学理论。他们在思维型教学理论的阐述中强调思维是智力和能力的核心，思维活动是课堂教学中师生的核心活动⑥。由此可见，在课堂教学中，教师根据学习者的先知背景，有目的、有计划地创设教学问题情境、促进他们的学习活动，思维则是教师和学习者在此过程中的核心活动。学习者在学习过程中原有知识与周围情境不相符时产生的矛盾或冲突，往往是促使他们积极思维和完成主动学习的原动力。因此，学习者的先前知识基础非常重要，教师要开展教学活动，首先就需要考虑学习者的先前知识经验，再创设一些能够引起他们产生认知冲突的“困难情境”，而这种良好的问题情境恰好能够启发学习者积极思维，促使学习者自主参与，进而引导学习者在参与过程中学会知识、

---

① 赵祥麟，王承绪．杜威教育论著选［M］．上海：华东师范大学出版社，1981.

② 布鲁纳．教学过程［M］．邵瑞珍，译．北京：文化教育出版社，1982.

③ WILLIAMS. Dentifying and Measuring Creative Potential：Part of A total creativity program for individualizing and humanizing the learning process［J］．Englewood Cliffs，NJ：Educational Technology Publications，1972（1）：145.

④ LIN，LI. Multiple intelligence and the structure of thinking［J］．Theory and Psychology，2003（13）：829-845.

⑤ 林崇德．教育的智慧［M］．北京：北京师范大学出版社，2007：87-138，39-43.

⑥ 林崇德，胡卫平．思维型课堂教学的研究与实践［J］．北京师范大学学报（社会科学版），2010（1）：29-36.

发展能力。

在实际教学中，思维型教学理论还充分体现了关于认知建构的思想：学习是一个主动建构的过程，教学就是促进学习者思维活动并完成主动建构知识的过程①。当然，这种自主建构还可以理解为学习者个体通过思维活动认知自我进而建构对知识信息的理解，并非从外界被动地获得知识。同理可以推测，视频教学中要使学习者积极主动的思维，首先需要丰富学习者的自我认识，不断促进他们思维认知结构的发展，教师必须精心挑选教学的典型案例，联系学习者先前知识进行教学实践，再通过学习者的积极思维活动，实现有意义的学习建构。

本研究中，教学视频中前嵌问题对学习影响的考察需要依据思维型教学理论，把前嵌问题作为创设问题的一种常见形式，通过在学习前对学习者先前知识经验进行测评，了解学习者的知识储备情况，在播放问题时，通过产生的高认知问题引起学习者对问题的矛盾或冲突，促使学习者投入积极的思维活动，激发他们的学习兴趣，同时提高其对学习内容的注意力。然而，教学视频中前嵌问题的交互形式是否是引发学习者积极思维的关键诱因，这有待在后续的研究中运用思维型教学理论分析理解研究结论，也可以拓展思维型教学理论在教学视频对学习影响研究的应用范围。

三、多媒体学习理论

伴随多媒体技术的发展进步，特别是近年来平板电脑和智能手机在学习和生活中的广泛应用，国内外学者对多媒体的理解和界定开展了系列的研究探讨，形成了学者个人不同的理解和定义。多媒体一词是最早源自于英文“multimedia”，而该词还是由 multiple 和 media 组合成的；从字面上看，多媒体是由多种单媒体复合而成。关于多媒体的具体定义，有学者在其研究中这样描述：既可以理解为多种媒体的组合，如录音机、幻灯、电影和灯光等，也可以定义为一组包括有文本、图片、音频、音乐、视频、动画等的计算机程序②（王以宁、王永峰、孔德伟，2005）。基于上述两种不同观点进一步研究，国外学者 Mayer（2009）分析后认为多媒体的定义可以从三个层次来理

---

① 林崇德，胡卫平．思维型课堂教学的研究与实践［J］．北京师范大学学报（社会科学版），2010（1）：29-36.

② 王以宁，王永锋，孔得伟．多媒体学习中的认知心理学因素考察——来自梅耶（Mayer）的研究与实践［J］．开放教育研究，2005，11（3）：34-37.

解：传输媒体层次、呈现模式层次和感觉通道层次①。具体而言，首先在传输媒体层次，是从技术角度把多媒体可以看作两个或两个以上的硬件传输设备，但是这个层次并不强调学习者的学习过程；其次，对于呈现模式的界定，比较注重的是多媒体材料或信息内容的表现形式；最后在感觉通道观层次的描述上，主要是重点强调了以学习者为中心，非常关注学习者对信息内容主动加工建构的活动，学习者在学习过程中使用到的感知通道。在这里可以看出，关于多媒体的三个不同层次直接反映了从媒体的“技术观”到媒体的“使用观”的转变。学者胡卫星（2012）在其研究中也表明，多媒体研究和应用的真正价值在于如何运用多媒体的技术功能和优势来增强学习者的学习动机和注意力分配，促进信息加工过程，明确以人为中心的研究和应用取向②。由于上述有关多媒体的理解体现了与学习者认知系统之间的关系与相互作用，这能更好帮助理解多媒体学习的本质。

关于多媒体学习，美国著名教育心理学家迈耶在其2001年出版的《多媒体学习》经典著作中进行了初步界定。迈耶认为，所谓多媒体学习，英文为multimedia learning，即从语词和画面中学习，按照人的心理工作方式设计的多媒体信息更可能产生有意义学习③。随着有关多媒体学习研究的不断深入，Mayer（2006）进一步提出，多媒体学习能够实现学习者视觉表征和言语表征之间建立有意义的联系并加深对知识的领会，目的是学习者在信息获取、知识建构的过程中，能够进行有意义的学习④。以往有学者的研究指出对于多媒体学习还可以这样理解：通过多种呈现方式，共同传递教学信息的学习方式，就是多媒体学习⑤。从以上可以看出，多媒体学习再次明确了学习者是学习的主体作用，强调学习者在学习过程中对知识信息获取，主动加工，并对知识进行有意义的建构，从而实现有效的学习。

随着对多媒体学习的研究不断推进，关于多媒体学习的研究也逐渐形成了专门的理论体系。在基于Paivio（1971、1986）⑥ 提出的著名的双编码理

---

① MAYER. Multimedia learning [M]. Cambridge: Cambridge University Press, 2009.

② 胡卫星. 动画情境下多媒体学习的实验研究 [D]. 大连：辽宁师范大学，2012.

③ MAYER. Multimedia Learning [M]. Cambridge: Cambridge University Press, 2001.

④ 迈耶. 多媒体学习 [M]. 牛勇，邱香，译. 北京：商务印书馆，2006：55-65.

⑤ 林立甲. 多媒体学习理论及其教学意义 [J]. 中小学信息技术教育，2013（4）：27-31.

⑥ PAIVIO A. Mental representations: A dual coding approach [M]. Oxford: Oxford University Press, 1986.

论和 Baddeley（1986）[①] 提出的人的工作记忆中有两个通道（“言语环路”和“视觉空间展板”）的研究基础上，迈耶（2005）提出了多媒体学习认知理论（cognitive theory of multimedia learning），在这个理论研究中把学习者内部的学习认知和外部的多媒体教学呈现方式联系起来，并通过大量的实验证明该理论的准确性。此外，有不少的学者也开展了一定的多媒体学习理论方面的探索。比如，张雅琪、杨丽、吴慧慧通过分析多媒体学习理论，并从中获得启示，他们认为多媒体学习理论可以用来设计交互式微课资源[②③④]；赵立影也是通过分析多媒体学习中的知识反转效应，证实多媒体学习中存在多种知识反转效应[⑤]。当然，教学视频学习作为多媒体学习的重要形式之一，多媒体学习理论是其相关研究的主要理论基础，有关在其他学习资源中多媒体学习理论的应用和支持能否在教学视频的学习中取得同样的效果，这有待在后续研究中可以运用多媒体学习理论分析相关研究结果，还可以进一步探索和验证知识反转效应的边界条件。

迈耶在其多媒体学习认知理论中认为，多媒体学习认知理论的核心是三个著名假定，分别是双通道假定、有限容量假定和主动加工假定。其中他在论述双通道假定时指出，学习者在对文本信息和图像信息的加工是通过不同通道进行的。一般而言，人的信息接收通道有两种，分别是听觉和视觉。当学习者看到图片信息、文字内容和视频图像等时，就会通过视觉系统来处理信息；当接听到视频声音和音频等内容时就会启用听觉系统来处理信息。对于有限容量假定，不少研究者在此后的研究均已证明，学习者在每一个通道中同时加工的认知资源是有限的。比如，学习者在阅读段落时，他一次可能只对其中一些词语集中注意力；或者他不太可能同时对数字表格出现的箭头和其他符号获取认知。关于主动加工假定，后文关于信息加工理论部分有其相关内容的专门解释与介绍，在此不再进行单独的介绍。

此外，Mayer（2003、2005、2009）在其后续的研究中还发现，在多媒体学习设计中，一般应遵循以下一些原则，分别是：多媒体原则、空间接近原则、时间接近原则、一致性原则、形式原则，冗余原则、个体差异原则、个

① BADDELEY，Working memory [M]. Oxford：Oxford University Press，1986.
② 张雅琪. 视频教学资源的交互设计与研究 [D]. 太原：山西师范大学，2016.
③ 杨丽. 交互式微课资源的设计研究 [D]. 桂林：广西师范大学，2015.
④ 吴慧慧. 交互型微课件的设计研究 [D]. 北京：首都师范大学，2014.
⑤ 赵立影. 多媒体学习中的知识反转效应研究 [D]. 上海：华东师范大学，2014.

性化原则、分割原则、预训练原则、强调原则、声音原则、图像原则等[①]，多媒体学习设计原则及其基本含义如表 2.2 所示[②]。就具体含义而言，其中，多媒体原则是指与仅仅利用文本学习相比，学习者运用多媒体技术有效整合文本和图片、音频、视频等学习内容，加工处理更多的知识信息；空间接近原则是强调将相关的文本和图片、音频、视频等同时呈现给学习者，减少知识加工的片面性、滞后性及冗杂性；时间接近原则是认为相较于继时呈现，同时呈现文本与图片的学习效果会更好；一致性原则是突出当词语、图片和声音相互关联和互补并且不含无关信息时，学习者的学习效果最好；形式原则是指与动画和视觉文本结合相比，学习者利用动画和听觉结合的学习效果更好；冗余原则是指相较于动画、听觉解释、视觉解释三者相结合，仅结合动画和听觉解释的学习效果更好；个体差异性原则是强调不同知识水平、空间能力的学习者在多媒体学习上的个体差异性；个性化原则是指轻松对话形式的语言比正式严肃的语言更有益于学习；分割原则认为当多媒体学习信息比较多时，采用分段的形式呈现比集中呈现的学习效果更好；预训练原则是强调在进行复杂的多媒体学习时，学习者先感知学习内容的主要概念更有利于后续的学习；强调原则是指对于学习内容中的关键信息给予突出强调有利于提高学习效果；声音原则是指在多媒体学习中，相较于机器语进行解说，人工解说的多媒体学习会有更好的学习效果；图像原则是指在多媒体学习中，屏幕上呈现讲解者所需的图像与否对学习者的学习效果没有直接影响。

上述原则揭示了不同多媒体资源设计对学习者的学习体验、学习效果的直接或间接影响，是本研究设计教学视频时需要遵循的基本原则。

表 2.2 多媒体学习设计原则及其基本含义

多媒体学习设计原则	基本含义
多媒体原则 (multimedia principle)	与仅仅利用文本进行学习相比，学习者在文本和图片整合方式下能学到更多知识信息
空间接近原则 (spatial contiguity principle)	相关的文本和图片呈现时应该放在一起
时间接近原则 (temporal contiguity principle)	文本与图片同时呈现比继时呈现，学习效果会更好

① MAYER. The promise of multimedia learning: Using the same instructional design methods across different media [J]. Learning and instruction, 2003, 13 (2): 125-139.

② 赵立影. 多媒体学习中的知识反转效应研究 [D]. 上海：华东师范大学，2014.

续表

多媒体学习设计原则	基本含义
一致性原则（coherence principle）	当词语、图片和声音相互关联和互补，并且不含无关信息时，学习者学习效果最好
形式原则（modality principle）	与动画和视觉文本结合相比，学习者利用动画和听觉结合学得更好
冗余原则（redundancy principle）	动画加听觉解释比动画、听觉解释、视觉解释三者结合学习效果更好
个体差异原则（individual differences principle）	多媒体效应对于低知识经验水平学习者的影响要大于对高知识经验水平学习者的影响；空间能力高的学习者比空间能力低的学习者更合适采用多媒体
个性化原则（personalization principle）	轻松对话形式的语言比正式的严肃语言更有益于学习
分割原则（segmentation principle）	多媒体学习信息比较多时，采用分段呈现会改善学习效果
预训练原则（pre-training principle）	在复杂多媒体学习时，学习者首先掌握学习内容的主要概念再进行后续学习效果更好
强调原则（signaling principle）	对于学习内容中的关键信息给予突出强调会提高学习效果
声音原则（voice principle）	多媒体学习中，采用人工进行解说的效果要好于使用机器语进行解说
图像原则（image principle）	多媒体学习中，讲解者的图像是否出现在屏幕上对于学习效果没有直接影响

需要突出指出的是，个体差异原则（individual differences principle）在多媒体学习中非常重要，它强调学习者因个体特征的不同，表现出来的先前知识经验水平会有明显的差异，因此所采用的教学策略也可能不同。在多媒体学习的相关研究中，个体差异原则的应用也是相当广泛。大家普遍认为，学习者个体在知识经验上存在着不同的差异性，这种差异性会对后续的学习过程有不同程度的影响，学习结果也会发生相应的变化，而在教学资源中加入一定的设计效果对于低先前知识经验者来说，其学习效果可能要好于高先前知识经验的学习者。

在有关研究中，多媒体学习认知理论除了很好地吸收了心理学领域的诸多研究成果，又和教学实践很好地结合起来。经过不断的实践研究，学者们提出了系列教学方面的理论，这些理论也能较好适应多媒体学习环境，其中比较有代表性的有多媒体原理（multimedia principle）、视觉线索原理（visual cueing principle）和通道原理（modality principle），其中，国内外研究者对视觉线索还没有形成较为统一的定义，在不同的研究中会存在不同的视觉线索定义及分类。在多媒体学习环境中，视觉线索是一种用来引导人注意力的、与内容无关的设备和手段①。综合学者们的研究，视觉线索的存在形式是多样性的，比如说一个人，一个箭头，一个符号，一种灯光等，都有可能在其学习环境下成为视觉线索，自然而然地吸引学习者的注意力。研究人员进行了大量的有关视觉线索的研究②③④⑤（Koning 等，2007，2010a，20l0b；Lin，Atkinson，2011），结果发现视觉线索能够有效地引导学习者的注意力，从而促进学习者在多媒体学习环境中的学习效果。在教学视频中嵌入问题就是线索的典型存在形式，问题线索会对学习者的学习产生一定影响，引起学习注意力的变化；而视觉线索理论指出，嵌入问题的线索形式作为教学视频学习中的视觉线索，能够引导学习者的注意力，这可以在后续研究中把视觉线索原则作为一个重要的理论基础，并对相关研究结果进行分析其是否能够促进学习。

本研究中，在教学视频设计制作过程中研究人员主要依据了视觉线索原则设计出不同类型的教学视频，通过眼动追踪技术检验教学视频中前嵌问题对学习者学习中注意力的分配情况。另外，还依据个体差异性原则，考察不同被试的个体特质与视频的交互作用。本研究不仅把多媒体学习理论视觉线

---

① 林立甲. 多媒体学习理论及其教学意义［J］. 中小学信息技术教育，2013（4）：27-31.

② KONING，TABBERS，RIKERS，et al. At tention cueing as a means to enhance learning from an animation［J］. Applied Cognitive Psychology，2007，21（6）：731-746.

③ KONING，TABBERS，RIKERS，et al. Improved effectiveness of cueing by self-explanations when I earning from a complex animation［J］. Applied Cognitive Psychology，2010（25）：183-194.

④ KONING，TABBERS，RIKERS，et al. Attontion guidance in learning from a complex animation：Seeing is under standing?［J］. Learning and Instruction. 2010，20（2）：111-122.

⑤ LIN，ATKINSON. Using animations and visual cueing to support learning of scientific concepts and processes［J］. Computers & Education，2011，56（3）：650-658.

索原则作为研究的理论基础，还采用认知视角进一步考察分析教学视频中前嵌问题与反馈设计对学习者学习的影响，探究对学习内容的注意力分配和视觉搜索效率。

四、认知冲突理论

认知冲突理论是以认知发展理论和建构主义学习理论为基础，最早由著名的瑞士心理学家让·皮亚杰提出的，发生认识论是皮亚杰对教育心理学界作出的最卓越的贡献，而后不少学者基于此开展了新的研究，形成了新的认识及理论流派。

皮亚杰的发生认识论集合了 20 世纪 50 年代到 60 年代多个国家、不同学科专家开展的有关“人类的认识”的研究成果，包括认知能力、智力发展、思维结构等，这也是皮亚杰发生认识论的理论核心。认知发展理论认为认知发展过程是“平衡—不平衡—新的平衡”[①]，从平衡到不平衡，打破了原有的平衡，又重新建立了新的平衡。

在“认识发生论”基础上，皮亚杰等人又提出了建构主义思想。他们认为，知识是由学习者通过自己积极主动的建构而获得，强调了知识获得的主动性，而非被动接受。在描述建构过程时，不同的研究者有其不同的理解。在这种建构过程中，学习者一方面以原有的知识经验系统为基础，对新知识主动加工建构；另一方面原有知识也会得到丰富、调整和改造[②]。在认知过程中，当原有知识与新知识、新情境之间不相符时，学习者就会产生心理上的矛盾或冲突。这种冲突往往会造成学习者心理的紧张、焦虑不安，紧张感会促使其投入更深层次的知识学习与建构，这有助于解决好认知上的矛盾。

在认知发展理论和建构主义学习理论研究中，都有认知冲突方面的理论依据，并因此由皮亚杰等人提出了认知冲突理论。认知冲突指的是认知发展过程中，先前知识与现实情境不相符时在心理上由此所产生的矛盾或对立，是由于个体已有的知识经验与新的知识之间存在某种差距而导致的心理失衡[③]。随后对认知冲突方面的研究越来越深入，Lee 和 Kwon（2001）指出，认知冲突过程发生在当学生经历以下三次活动的时候：（1）确认异常情况，

---

① 林秋英. 创设冲突情境营造教学契机——认知冲突理论在政治课教学中的应用与探索［J］. 教学月刊：中学版下，2005（8）：73-74.

② 袁启林. 创设问题情境 引发认知冲突 建构物理概念——浅析“摩擦力”教学案例［J］. 物理教师，2015，36（9）：9-10.

③ 易桂芳. 地理教学中认知冲突的创设［J］. 地理教学，2010（12）：50-51.

(2) 表达对打破认知差异的兴趣和焦虑，(3) 对情况的重新认识①。换句话说就是，学生首先认识到与他们概念的不一致的异常情况，然后学生就会对这种冲突感兴趣或者焦虑，最后确定是解决还是忽略。在此过程中，学生是由于发现新知识与原有知识经验不一致，引起对学习内容注意的同时内部心理变化，开始考虑如何处理自身学习行为。不同动机水平的学习者处理选择可能不一样，一般而言，高动机水平的学习者会表现出对新知识的兴趣感，激发其学习的热情和积极性，更愿意去解决问题。

近年来，认知冲突理论的应用越来越广泛，涵盖了教育学、心理学、语言学、逻辑学和哲学等多个学科和领域。许多研究表明，多媒体学习材料对学习者的认知表现、操作技能和学习动机有积极的影响②。在多媒体学习材料中，使用认知冲突理论策略是非常有用的。在有意义的信息获取中，使用认知冲突策略可以挑战学习者原有的认知结构，吸引学习者的注意力，激发学习者的学习动机③。在教学视频中，嵌入问题是引起学习者认知冲突的主要原因之一，会引起学习者的焦虑或不安，引导学生学习注意力的变化，面临着如何选择后续学习行为，或是激发学习兴趣，积极探索去解决问题；或是消极怠慢。

本研究在教学视频嵌入问题与反馈，对学习者学习过程中是否引起心理认知冲突进行探索，并运用认知冲突理论策略分析解释研究中学习者注意力分配影响的原因，深层次探究先前知识水平、学习动机对学习者学习效果的影响的规律，拓宽认知冲突理论应用范围和深度。

五、信息加工学习理论

国内外研究者普遍认为，信息加工是指对信息的接收、编码、存储、提取和传递，它与心理学、传播学和教育学等学科有着密切的联系。20 世纪 50、60 年代，受当时对行为主义和早期认知主义研究存在缺陷等问题思考的

---

① RAI L, HONG J. Conceptual Framework for Knowledge-Based Decision Migration in Multi-Component Robots [J]. International Journal of Advanced Robotic Systems, 2013, 10 (5): 237.

② RAHIM R A, NOOR N M, ZAID N M. Meta-analysis on Element of Cognitive Conflict Strategies with a Focus on Multimedia Learning Material Development [J]. International Education Studies, 2015, 8 (13): 73-78.

③ RAI L, HONG J. Conceptual Framework for Knowledge-Based Decision Migration in Multi-Component Robots [J]. International Journal of Advanced Robotic Systems, 2013, 10 (5): 237.

影响，信息加工学习理论得以兴起和发展。著名教育心理学家加涅是信息加工学习理论的典型代表，他在研究中把学习作为一个过程，认为每一过程都有开端和结尾。加涅在其研究中把学习过程解释为学习是信息的接受、储存和提取的过程①，学习过程还包括了几个方面，也可以理解为信息加工的不同阶段，每阶段分别进行着不同的信息加工。以此可以推论，信息加工学习理论所描述的知识学习机理仅仅包括信息输入、信息编码、信息储存这一过程是不完整的，还要包括信息输出的这一个过程，如果没有合适的线索来提取信息，将意味着个体学习对信息加工是不成功的，即知识未能形成正确、有效的结果表征。只有将储存于长时记忆中的信息经过心理加工过程的合适提取，学习的一个过程才称之为成功结束。

信息加工理论中最重要的一部分是信息的编码。当捕捉到刺激后，学习者会根据需求对刺激进行加工处理，这个过程就是信息的编码。简单而言，信息的编码就是对信息的提取、整合的过程，当然对信息的编码处理会受到学习者原有知识水平的影响。编码是通过学习者对信息的观察感觉，从外部刺激信息中提取单个或多个分类特征，以此形成相应的记忆痕迹的过程，信息编码的方式对学习者后期提取信息的能力有很大影响，事实上信息编码的方式往往与学习任务的要求有紧密关系。

随着计算机技术的发展，研究者试图利用计算机来模拟人类学习和解决问题的过程，以窥探学习者内部心理过程的机理。参照计算机的信息处理及工作模式的过程，信息加工学习理论把人看作是信息加工的机制，把认知看作是对信息的加工，研究者往往更加关注个人学习记忆系统的性质和记忆系统中知识表征及储存的方式。信息加工理论认为，学习者的认知系统通过对信息的加工，发生信息转换，产生信息流。信息流是信息加工行为的基础，目前无法直接观测到学习者机体内部的信息加工过程，研究者只能推测不同合适的信息流程，判断确定更符合所观测行为的信息流程②。此外，信息加工理论还认为知识是学习者通过与其环境相互作用而获得的信息及其组织，知识以概念、命题、命题网络的形式来表征。学习者通过感知、编码、理解、记忆、回忆、提取等过程来对知识进行深度加工，进而能获得知识学习的结果③。

---

① 张家华. 网络学习的信息加工模型及其应用研究 [D]. 重庆：西南大学，2010.

② 邱晓辉. 网络学习者信息加工学习行为的分析及研究 [D]. 武汉：华中师范大学，2008.

③ 伍岳远. 知识活动及其标准研究 [D]. 武汉：华中师范大学，2015.

为了准确描述信息加工过程，加涅在其研究中制作了学习的信息加工的模式图，如图 2.1 所示。从图 2.1 中可以看出，学习者从外部环境中接受刺激进而推动感受器，将外部刺激转换为神经信息，该信息流进入感觉登记，感觉登记是一个非常短暂（一般在百分之几秒内）的记忆存储，所以造成有的信息被登记，有的信息未被登记就很快消失。被登记的信息则进入人的短时记忆，其会保持二三十秒的时间。信息加工论者认为短时记忆的信息加工容量十分有限，通常一次只能记住 7±2 个信息组块，超过此容量的信息将会挤走部分原有信息，因此通过采用复述的策略来保持信息，以此对在短时记忆里的信息进行编码。信息经编码形式从而进入长时记忆，并加以储存，通常信息加工论者认为长时记忆是个永久性的信息存储库。学习者对信息再次使用须经过检索来提取出信息，信息通向反应发生器而产生对环境的反应行为，也可以从长时记忆回到短时记忆，再通向反应发生器。期望事项对应着学习者动机，执行控制对应认知策略，其过程中控制哪些信息从感觉登记进入短时记忆，如何对信息进行编码组织进入长时记忆，采用何种策略能有效完整提取出信息。因此，二者在信息加工过程中起到至关重要的作用。

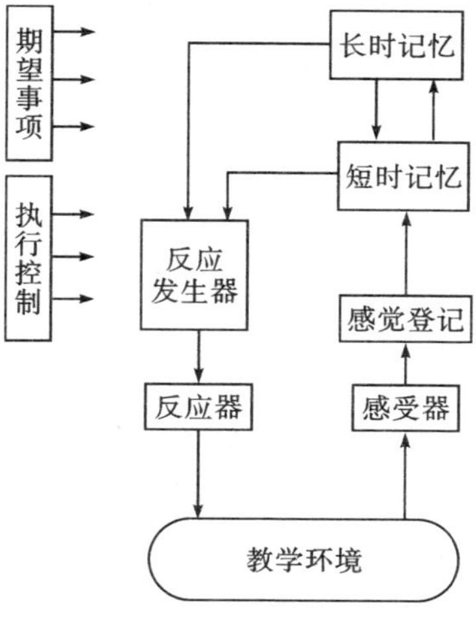

图 2.1　学习的信息加工模式图

学习者对知识信息学习的过程，是一个完整的信息加工过程。学习者在观看教学视频时，首先受到教学环境（或实验环境）的影响，被视频资源带来一些视觉影响。在这种外部刺激下，学习者把刺激转化为神经信息，随后信息流进入学习者感觉登记阶段，信息过滤后形成短时记忆。这里也是相关研究中考察学习者短时学习效果的原因所在。短时记忆要转化成长时记忆，就需要被学习者大脑内部进行信息编码，加工处理，形成长时记忆。由此，长时学习效果也成为研究者重点关注的研究内容。信息加工过程其实也是一个学习者对信息加工、编码、提取与再加工、再编码的循环系统。

本研究中，学习者观看教学视频后，在感知信息的同时进行编码并实现短时记忆，再通过信息加工过程实现长时记忆。后续研究通过考察学习者短时学习效果和长时学习效果来检验短时记忆和长时记忆的情况，还以此来探索影响学习者短时记忆和长时记忆的因素，特别检验学习者的动机水平与视频资源类型的交互作用对视频内容加工的效果。此外，学习者动机水平作为期望事项，是否直接影响着信息加工的效果。这些都有待后续研究中加以验证，进而通过实验探究并揭示学习者信息加工的规律以及影响信息加工的关键因素。

综上分析，本节主要对建构主义学习理论、思维型教学理论、多媒体学习理论、认知冲突理论和信息加工学习理论等进行了深入的描述，以便为后续研究提供必要的理论基础和实验依据。上述理论都是本书后续研究所涉及的十分重要的教学理论，也有待通过研究加以进一步验证，以期通过研究不断扩大上述理论的应用范围和研究深度，在一定程度上丰富理论成果。

第三章　教学视频中前嵌问题对学习影响的基础研究

随着视频课程在教学中应用越来越广泛，其交互形式的设计开始受到普遍关注。为了探索前嵌入问题的交互形式对学习者的学习影响程度究竟如何，从本章起进行系列实验研究与讨论。本章所开展的研究为第一阶段研究，是在不考虑边界条件情况下探究教学视频中前嵌问题与反馈对学习影响的基础研究，目的在于为后续研究中探讨的问题提供基础。教学视频中前嵌问题的设计策略对学习者的学习影响究竟如何，本章所涉及的研究将从行为实验和眼动实验两个角度分别探究学习效果和注意力分配机制的影响程度。本研究首先采用行为实验，对学习者的先前知识经验水平进行测试；然后组织被试分组观看无嵌入问题、前嵌入问题无反馈和前嵌入问题有反馈三种不同类型的教学视频，测试被试的短时学习效果和长时学习效果；最后采用眼动跟踪技术测试被试的注意力分配，以探究教学视频中前嵌问题对学习的影响。

第一节　教学视频中前嵌问题对学习影响的研究设计

教学视频是比较常见的学习内容及形式，是信息化教学十分必要的学习资源。然而，采用嵌入问题式的教学视频对学习者的影响中能否促进其学习效果的提升？这种策略真的能吸引学习者对学习内容分配更多的注意力吗？为了考察这些问题的结果，探究影响学习的深层次原因，本节首先从研究目的、研究假设、研究方法三个主要方面进行系统的研究设计，以保障顺利开展本章所涉及的实验研究。

一、研究目的

本实验旨在揭示教学视频中前嵌问题与反馈对学习的影响，检验学习者观看教学视频后的短时学习效果和长时学习效果，分别从保持效果和迁移效果两个方面检验短时学习效果；并试图通过眼动追踪技术检验学习者注意分配中的兴趣区和总注视时间问题，揭示教学视频中前嵌问题与反馈是否影响学习者视觉搜索效率。

二、研究假设

假设 1：教学视频中前嵌问题且无反馈，不仅提高了学习者的短时学习效果，同时也提高了他们的长时学习效果。

假设 2：教学视频中前嵌问题（无反馈和有反馈），提高了学习者对与问题相关学习内容的注意分配。

假设 3：教学视频中前嵌问题且无反馈，提高了学习者对所有学习内容的注意力分配。

三、研究方法

（一）被试

为了顺利开展实验研究，研究者从武汉市某一高校随机招募 90 名大学生被试，包括女生 80 名，男生 10 名，被试性别比例与该校男女的比例较为接近。被试年龄范围为 17 岁到 26 岁（$M=20.74$，$SD=1.59$）①。经过检测显示，所有被试视力或矫正视力正常，无色盲色弱，且听力正常，符合眼动实验测试要求。另外，根据文中概念部分对长时学习效果测试的时间建议与要求，本实验选择在眼动实验进行 45 天之后，再组织被试进行延迟测试，发现其中 21 名被试数据丢失，因此，参加延迟测试的被试有 69 名。经事前沟通，所有被试均为自愿参加实验，知情同意，实验后发礼品作为报酬。

（二）视频材料

本研究把实验教学材料分为三种教学视频，分别为无问题嵌入组、问题前嵌但无反馈组和问题前嵌有反馈组。实验所需的三组教学视频内容基本相同，问题嵌入的无反馈组和有反馈组的教学视频都是在无问题嵌入组视频的基础上，在观看相应知识点前面嵌入问题，被试可以根据问题进行思考并进行后续学习。这两组嵌入问题的视频内容相同，但前嵌无反馈组仅在视频中提供问题，前嵌有反馈组不仅提供问题还将在提示问题后一定时间内给予答案反馈。为了确定提供反馈答案的时间，本研究专门针对问题提示后大学生阅读题目的时长测量做了预实验。通过分析参与的 10 名大学生阅读速度发现，大家阅读题目需要时长 4～5 秒，一般都能在 5 秒内阅读完。由此，本研

---

① 其中 M 表示平均值，*SD* 表示标准差，后文同。

究最终决定在每个题目提示 5 秒后给阅读者提供答案反馈。

在实验条件的设计上，本研究所采用的实验材料为《控制体重？从认识卡路里开始》的教学微视频，如图 3.1 所示。材料内容设计结合了当下流行的热门话题，选择了面向广大年轻人的运动健康类内容，话题的关注度较高。材料在组织过程中，本研究主要以《公共营养师（基础知识）》及其配套辅导练习为参考，安排三位实验人员负责编制内容，并由某高校生命科学学院一位营养学专业教师认真修改后最终定稿。为了保证教学视频制作质量，选择在某高校专业演播室拍摄成教学视频，并完成视频的后期编制工作。三组视频长度略有区别，其中无问题嵌入组视频总时长为 4 分 50 秒（1 分 58 秒，去除所有与学习问题无关内容所剩时间），前嵌问题无反馈和前嵌问题有反馈组教学视频总时长相同，为 5 分 30 秒（2 分 38 秒，去除所有与学习问题无关内容所剩时间）。在前嵌问题的两组视频中，问题嵌入的方式也经过较为细致的考虑，依据前文研究结论，在前嵌问题无反馈的教学视频中每个问题呈现时长统一设置为 10 秒，在前嵌问题有反馈的教学视频中，每个问题呈现 10 秒，到第 5 秒时呈现答案。

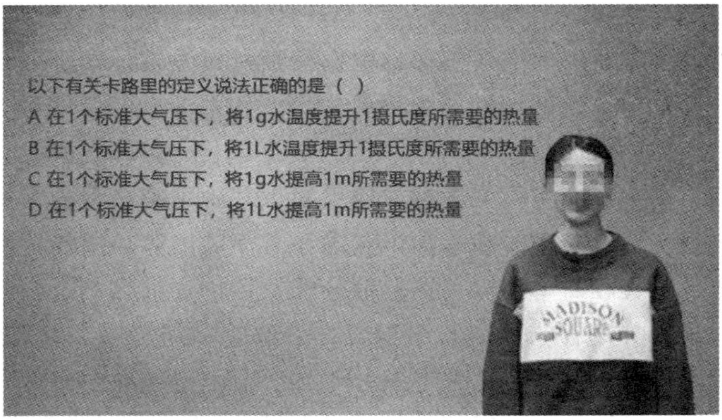

图 3.1　教学视频材料示意图

本实验中采用的问题类型均为选择题，一共有 4 个题目，3 个单选题、1 个多选题，例如题目 1：以下有关卡路里说法正确的是（　　）。

A. 卡路里是一种质量单位

B. 卡路里是一种能量单位

C. 卡路里是一种能量

D. 卡路里是一种质量

在题目 1 播放 5 秒以后，在有反馈的视频中播放反馈答案。

题目1：以下有关卡路里说法正确的是（　　）。

A. 卡路里是一种质量单位

B. 卡路里是一种能量单位

C. 卡路里是一种能量

D. 卡路里是一种质量

答案：B

视频中全部问题详见附录一。

关于实验材料的开发制作过程，共分为三个阶段。具体而言，第一阶段是编制内容，制作教学课件，课件制作结合了录播室呈现方式，遵从多媒体设计原则进行设计和开发。第二阶段是教学微视频的拍摄，认真选择主讲人员，采用Panasonic的AJ-PX298摄像机进行录制，由三位教育技术学专业的研究生协助拍摄完成。第三阶段是视频的后期编辑，使用TechSmith公司的Camtasia Studio软件进行编辑处理，并插入问题，制作成三组不同类型的教学视频。按照实验要求完成全部的视频制作，以备实验研究使用。

（三）测量工具

1. 先前知识经验水平测验

为了做好实验材料的准备工作，根据视频材料内容，本研究自行编制了先前知识测验题目。在题型和题量设计方面，该测验包括4个判断题、6个单选题、1个多选题和2个问答题，一共13个题目，具体见附录二。在知识点考察方面，其中判断题是关于对卡路里知识基础了解情况的考察，选择题和简答题则是考察卡路里的基本知识和操作方面的内容，主要检测被试是否掌握卡路里的定义和简单计算。在分值分配及评价标准方面，判断题和单选题每题答对得1分，答错或漏答不得分；多选题和问答题每题答对得2分，答错或漏答不得分；该测验总分为16分。在测量评价方面，评分是安排一位主试人员负责完成评价，并对评分结果进行了分析，得分越高，表明掌握的卡路里知识越多，相反得分越低，则说明被试对卡路里相关知识越欠缺。该测验具有较好的区分度（t（88）$=11.424$，$p<0.001$）。

2. 短时学习效果测验

在短时学习效果测试的设计过程中，本研究主要从知识的保持和迁移两个水平对短时学习效果进行考察，包括保持测验和迁移测验，这两个测验中涵盖的知识点分别来自视频课程中学习内容和相关内容。

（1）保持测验：主要考察被试对视频课程中涉及的知识内容的理解和掌握程度。本研究人员围绕教学视频中所有知识点进行认真的选题设计，过程严谨，科学客观，涵盖面广，再经某高校一位营养学专业老师审核确定保持测验的题目及每道题的详细参考答案。保持测验的测试题目具体见附录三。在题型设计方面，本测试共有 7 个题目，包括 4 个填空题、2 个单选题和 1 个多选题。在分值分配及评价标准方面，每道题目分值不同，其中填空题每空 1 分，答对计 1 分，答错或漏答计 0 分，总分为 8 分；单选题每题有 4 个选项，答对计 1 分，答错或漏答计 0 分，总分为 2 分；多选题有 5 个选项，答对计 2 分，答错、漏答或答不全均计 0 分，总分 2 分。该测试的总分为 12 分。在被试保持测试评价方面，测验成绩由 1 位主试根据评分标准严格评定，得分越高说明对学习内容的保持学习效果越好，相反则说明对学习内容掌握较差。测验题目具有较高的区分度（t（88）＝13.21，p＜0.001）。

（2）迁移测验：主要考察被试对教学视频的相关内容的学习掌握情况。在题型设计方面，该测验由 2 个题目构成，且全部是问答题。迁移测验的测试题目具体附录四。在分值分配方面，请视频课程中的教师根据教学视频的相关内容制订每个题目的详细参考答案和评分标准，第一个迁移题满分为 3 分，第二个迁移题满分为 7 分，总共 10 分。在被试迁移测试评价方面，由于是问答题，考虑到答题的主观性，测验成绩是由 2 位主试根据评分标准严格评定，取 2 位主试评分的平均值为最终的测验成绩。经过分析比较发现，两位评分者的一致性较高（Cronbach's α＝0.96，0.98），同时该测验具有较高的区分度（t（88）＝12.98，p＜0.001）。这可以表明，该测试题目可以直接应用于本实验过程。

3. 长时学习效果测验

在长时学习效果测验的设计过程中，根据视频中讲授的学习内容，主试负责编制了长时学习效果测验，并经过专业人员的审定，最终确定了测验题目和参考答案。长时学习效果测验题目详见附录五。该测验题目包括 5 个单选题、1 个多选题、2 个判断题和 2 个问答题，总计 10 个题目。其中单选题每题 1 分，答对计 1 分，答错或漏答计 0 分，共计 5 分；多选题每题 2 分，答对计 2 分，答错、漏答或答不全计 0 分，共计 2 分；判断题每题 1 分，答对计 1 分，答错或漏答计 0 分，共 2 分；第一个问答题 3 分，第二个问答题 5 分，总共 17 分。在测试评价方面，选择题和填空题的评分方法同上文中短时学习效果测验一致，请视频课程中的教师制订每个题目的详细评分标准；问答题评价是由 3 位主试根据评分标准客观评定，取 3 位主试评分的平均值为问答题的最终测验成绩。综合上述两部分题目的评价结果，得出长时效果测验的最终测试成绩。经过数据分析处理后发现，三位评分者对问答题的评分具有较高的一致性（Cronbach's $\alpha=0.97$，0.99），并且该测验具有较高的区分度（t（67）$=9.61$，$p<0.001$）。这说明上述测验题目可应用于开展实验研究。

4. 注意力分配

被试注意力分配的考察是从不同角度进行的较为客观测试。根据实验研究安排，本研究借助现代化的眼动追踪技术，从两个方面分别考察视频中嵌入问题与反馈对学习者注意力分配的影响。首先，是关于被试兴趣区的考察。本研究将与嵌入问题直接相关的教学视频内容作为兴趣区，以被试凝视兴趣区的时间所占比例（IA _ DWELL _ TIME _ %），以及首次注视到达兴趣区的时间，主要是为了考察视频中嵌入问题与反馈对学习者注意力与问题直接相关的教学视频内容的影响程度。其次，是关于总注视时间的考察。研究中以学习者对整段视频播放过程中观看情况的完整记录结果为依据，统计出他们注视教学视频画面的总时间，主要是为了考察视频中嵌入问题与反馈对学习者注意视频画面的影响情况。

（四）实验设计与程序

本实验是全部研究过程的基础研究阶段，不考虑其他边界条件影响下进行的粗略研究。在实验中，研究只设置了教学视频类型一个自变量，因此，该实验程序的设计可以采用单因素被试间设计，即被试只需观看其中一种视频类型，不存在交叉重复现象。实验使用的教学视频由研究人员提前录制完成，共包括三个类型，分别为无嵌入问题、前嵌问题但无反馈和前嵌问题且有反馈，实验中把这三种不同类型的教学视频作为不同的实验条件。

在具体的实验过程设计方面，该实验安排在武汉某高校的眼动实验室由主试单独组织施测，引导每位被试进入实验室，正式实验前被试须首先填写基本信息和完成先前知识经验水平测验，再由主试详细讲解实验安排和注意事项，然后将被试随机分配到观看其中一种视频。主试根据测试的要求把 90 名被试随机分为三个小组，每组被试人数相同，分别为无嵌入问题视频被试组（$n=30$）、前嵌问题但无反馈视频被试组（$n=30$）和前嵌问题且有反馈视频被试组（$n=30$）。在测试过程中，主试将教学视频课程放在眼动仪的被试机上播放，被试坐在距离显示屏 60cm 处观看。实验中采用的眼动仪型号为 EyeLink 1000，其设备分为主试机和被试机两组。被试机组如图 3.2 所示，A 是托架，B 为光源以及摄像头，C 为呈现视频的显示器；在眼动主试机组，须要求被试在观看过程中始终保持不动，主试操作眼动仪的主试机准确记录被试在学习过程中的眼动情况，主试机界面如图 3.3 所示。

图 3.2　眼动实验被试机组

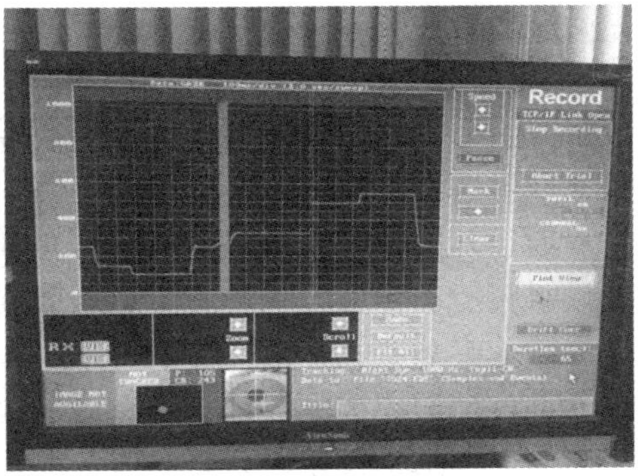

图 3.3　眼动实验主试机界面

在短时学习效果测验阶段，通常是在观看视频课程结束之后，主试让所有被试现场填写短时学习效果测验（均需完成保持和迁移两个测验任务）。实验过程组织有序，被试操作科学规范，整个实验用时长约为 30 分钟。

为了做好长时学习效果测试，依据前文综述内容的理论基础，按照本实验的具体安排，在眼动实验 45 天之后，对所有参与上述实验的被试采用长时学习效果测验，完成对参加过眼动实验被试的追踪调查，然而研究中发现 21 名被试数据丢失。因此，在长时学习效果测验中，被试参加测验的具体情况为：无嵌入问题的视频（$n=23$）、前嵌问题但无反馈的视频（$n=24$）、前嵌问题+反馈的视频（$n=22$），总共 69 名被试参与并完成该部分的测验。

（五）数据处理

在收集整理实验数据过程中，由于本实验的数据由两部分组成，分别是行为实验的数据和眼动追踪的数据。然而，由于数据来源不同，这两种数据处理方式也不太相同。综合考虑，本测试的数据处理可分为三个步骤。首先是数据的采集阶段，对于行为实验的数据，由主试根据参考答案和评分标准对被试的先前知识经验、保持效果、迁移效果和长时效果分别进行测评，眼动实验的数据则是由主试采用 EyeLink 1000 自带数据分析软件 Data Viewer 从眼动追踪仪器上提取眼动实时数据。第二阶段是数据的初步分析，由主试人员采用 Excel 软件对收集的实验数据和提取的眼动数据分别进行初步分析。最后是数据的深度分析阶段，由研究人员采用专业统计分析软件 SPSS 22.0 对所有实验数据进行后期的描述性统计分析、方差分析和事后检验等，以进一步检验实验结果。

第二节　教学视频中前嵌问题对学习影响的研究结果分析

通过开展教学视频中前嵌问题对学习者学习影响程度的测试，本实验将教学视频类型作为唯一的实验影响因素，在实验过程中先后采用行为实验研究方法和眼动追踪技术，分别对学习者的学习效果和对学习内容的视觉分配程度进行探测。依据安排，在完成上述所有实验任务和数据统计分析后，为了探究实验中被试在观看教学视频时的学习效果和注意力影响的程度究竟如何，是否验证实验假设提出的相关结论，接下来我们主要从被试的学习效果和注意力分配情况两个方面进行较为系统分析。

一、先前知识经验水平

为了排除其他实验因素对实验结果的干扰，首先比较各组被试在先前知识经验上的差异情况。在实验过程中，以实验条件为自变量，先前知识经验水平测验得分为因变量，通过实验条件的调节来考察先前知识经验水平的变化，并对检测结果进行单因素方差分析，先前知识经验水平测验的数据具体见表 3.1。

表 3.1　被试先前知识经验测试的平均值（标准差）

实验条件	先前知识经验水平
无嵌入问题	7.03（1.65）
前嵌问题＋无反馈	6.90（1.42）
前嵌问题＋反馈	7.03（1.61）

进一步分析结果发现，在观看三种不同实验条件下，被试的先前知识经验水平均无显著差异（$F(2, 87)=0.07$，$MSE=2.44$，$p>0.05$，$\eta^2<0.01$），被试的先前知识经验水平组间差异如图 3.4 所示。这一结果表明，三组被试在本实验中的先前知识经验水平相当，可以排除被试先前知识经验水平对其他结果变量的影响。

二、学习效果

本研究在对学习效果的考察中，分别采用了被试的短时学习效果测验和长时学习效果测验两种方式，并且在短时学习效果测验时还采用了保持学习效果测验和迁移学习效果测验，以分别考察视频中是否嵌入问题与嵌入问题

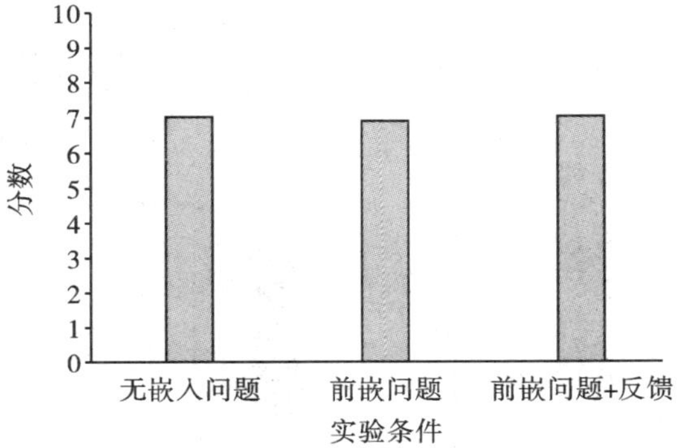

图 3.4 被试先前知识经验水平组间差异分析

是否反馈对被试的学习效果的影响。经过采用 SPSS 22.0 专业软件对实验数据进行统计分析，被试的学习效果的描述性统计结果具体见表 3.2。

表 3.2 被试观看视频后各类学习效果的平均值（标准差）

实验条件	短时学习效果		长时学习效果
	保持成绩	迁移成绩	
无嵌入问题	6.60（2.18）	4.15（2.14）	7.54（3.33）
前嵌问题	8.30（2.07）	5.48（2.13）	9.82（3.66）
前嵌问题＋反馈	6.87（2.22）	5.53（2.64）	7.52（3.32）

（一）短时学习效果

在实验过程中，为了考察视频中嵌入问题与反馈的三种实验条件是否对被试的短时学习效果产生影响，研究人员在研究过程中以实验条件为自变量，分别以保持测验分数和迁移测验分数为因变量，进行单因素方差分析。统计结果发现，三种实验条件下，三组被试的保持效果和迁移效果均有显著差异（F（2，87）＝5.39，MSE＝4.66，$p<0.01$，$\eta^2=0.10$；F（2，87）＝3.45，MSE＝5.36，$p<0.05$，$\eta^2=0.07$），说明视频中前嵌问题与反馈的机制对被试的短时学习效果有显著影响。与此同时，在对三组被试的保持测验进行 LSD 事后检验中（下同）还发现，观看前嵌问题且无反馈的视频的被试组，其保持成绩显著高于另外两组（无嵌入问题和前嵌问题有反馈）的被试；在对三组被试的迁移成绩进行事后检验时也发现，观看没有嵌入问题的视频的被试组，其迁移成绩显著低于另外两组嵌入问题组的被试，观看视频后短时学习效果的被试组间差异如图 3.5 所示。

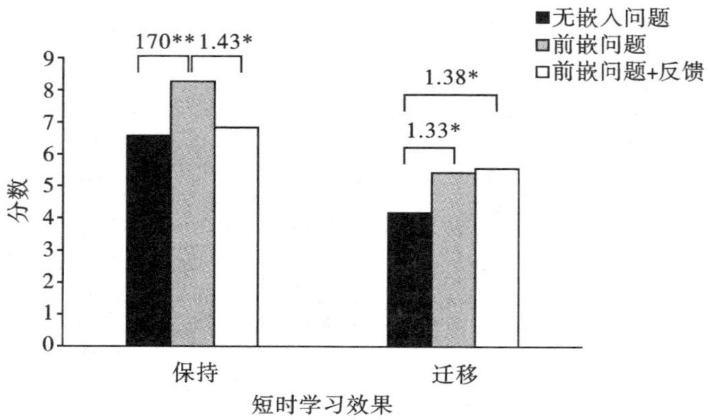

注：* $p<0.05$，** $p<0.01$，*** $p<0.001$；图中的数值为两组间的均值差（Mean Difference，*MD*），下同。

图 3.5 被试观看视频后短时学习效果的组间差异

以上结果表明，在视频中前嵌问题且不提供反馈，同时提高了学习者对相关内容的保持效果和迁移效果，而在视频中前嵌问题，提供反馈，只提高了学习者对相关内容的迁移效果，支持本研究假设 1。上述结果进一步说明，在教学视频中可以通过嵌入问题但不提供反馈的设计，有效提升学习者对相关内容的学习效果。

（二）长时学习效果

在被试长时学习效果的测试中，为了考察视频中嵌入问题与反馈的三种教学视频类型是否对被试的长时学习效果产生影响，本测验以实验条件为自变量，以被试的长时学习效果测验得分为因变量，研究人员对测验结果进行单因素方差分析。分析发现，在三种实验条件下，三组被试的长时学习效果有显著差异（F（2，66）$=3.47$，$MSE=11.86$，$p<0.05$，$\eta^2=0.10$），说明前嵌问题与反馈对被试的长时学习效果有明显的影响。研究人员在进行事后检验时进一步发现，观看前嵌问题且无反馈的视频的被试组，在长时学习效果测验上的得分显著高于另外两组被试，观看视频后长时学习效果的被试组间差异如图 3.6 所示。

以上结果表明，在视频中前嵌问题且不提供反馈，可以提高学习者对相关内容的长时学习效果，该结果支持本研究假设 1。进一步分析结果可以说明，在教学视频中嵌入问题但不提供反馈，这种设计策略对学习者的长时学习效果有正向促进作用。

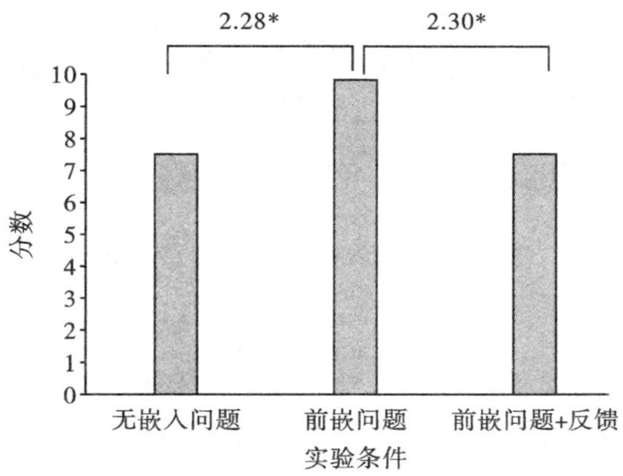

图 3.6　被试观看视频后长时学习效果的组间差异

三、注意力分配

对被试观看视频时视觉注意力分配程度的测试实验是本研究从另外一个不同角度考察对被试学习的影响。为了探究教学视频中无嵌入问题、嵌入问题无反馈和前嵌问题且有反馈三种情况下对学习者视觉注意力分配引起的影响，本研究通过眼动追踪实验分别考察被试在与嵌入问题相关内容的视觉注意力（IA _ DWELL _ TIME _ %和兴趣区内首次注视到达时间），以及对教学视频中所有知识内容的视觉注意力（总注视时间）。具体而言，IA _ DWELL _ TIME _ %是指被试观看视频时凝视兴趣区内容的时间所占比例；兴趣区内首次注视到达时间是指被试的视觉在兴趣区内第一注视发生的时间；总注视时间是指在整个视频学习过程中，被试注视视频画面所有注视时间的总和。经过对实验数据的比较分析，注意力分配所有变量的兴趣区的眼动指标和总注视时间的分布情况见表 3.3。另外，为了进一步展示被试注意力分配的情况，被试观看教学视频的热区分布情况见图 3.7。

表 3.3　被试观看视频时注意力分配所有变量的平均值（标准差）

实验条件	兴趣区内的眼动指标		总注视时间（min）
	IA _ DWELL _ TIME _ %	兴趣区内首次到达注视时间（s）	
无嵌入问题	0.43（0.06）	1.18（0.66）	1.62（0.16）
前嵌问题	0.45（0.05）	0.59（0.37）	1.70（0.17）
前嵌问题＋反馈	0.49（0.11）	0.64（0.31）	1.61（0.15）

无嵌入问题　　前嵌无反馈　　前嵌有反馈

图 3.7　被试观看教学视频的热区图

（一）兴趣区

首先，实验从被试观看视频时对兴趣区的关注情况进行测试。本研究以实验条件为自变量，分别以凝视兴趣区的时间所占比例（IA _ DWELL _ TIME _ %）和兴趣区内首次注视到达时间为因变量，进行单因素方差分析，考察无嵌入问题、嵌入问题无反馈和嵌入问题有反馈的三种实验类型是否对学习者注意力与问题相关内容时存在影响。分析研究结果发现，在三种实验条件下，被试凝视兴趣区的时间所占比例（IA _ DWELL _ TIME _ %）和兴趣区内首次注视到达时间均有显著差异（$F(2, 87)=5.02$，$MSE<0.01$，$p<0.01$，$\eta^2=0.10$；$F(2, 87)=14.09$，$MSE=0.23$，$p<0.001$，$\eta^2=0.23$），这说明教学视频中前嵌问题与否的视觉注意力分配对学习者的学习效果有较大的影响。同时，在对 IA _ DWELL _ TIME _ %进行事后检验发现，观看前嵌问题且有反馈的视频的被试组，其在与问题相关内容的注视时间的比例显著高于另外两组被试。IA _ DWELL _ TIME _ %的组间差异如图 3.8 所示。在对兴趣区内首次注视到达时间进行事后检验发现，观看没有嵌入问题的视频的被试组，其首次注视到达与问题相关内容的时间显著长于另外两组嵌入问题组的被试。被试首次注视到达时间的组间差异如图 3.9 所示。

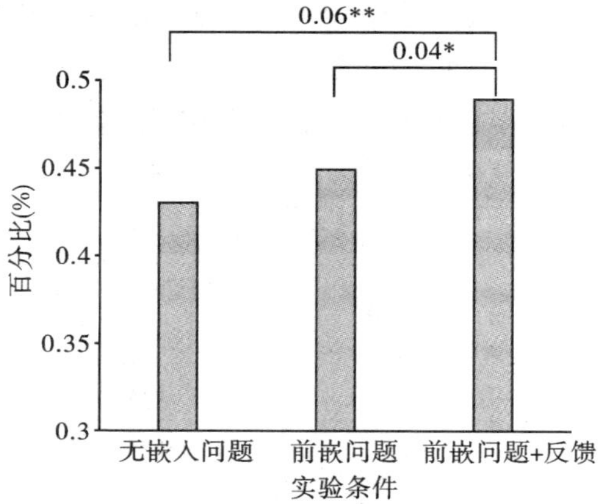

图 3.8　被试在兴趣区内 IA _ DWELL _ TIME _ %的组间差异

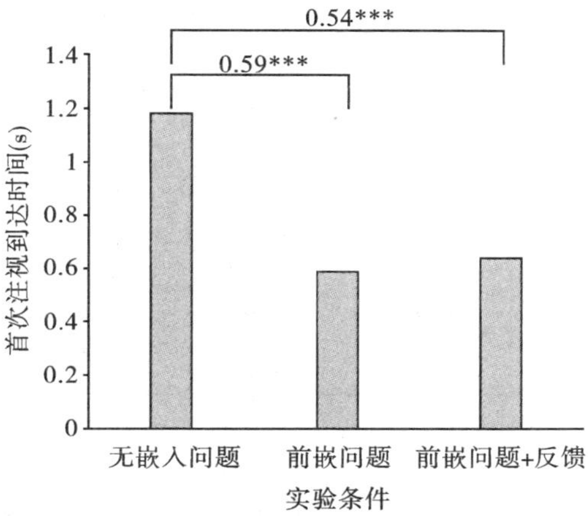

图 3.9　被试对视频问题相关内容的首次注视到达时间的组间差异

以上结果表明，在视频中前嵌问题，提高了学习者对与问题相关内容的搜索效率，但是只有当同时提供问题反馈的教学视频，才能明显提高学习者对相关内容的注视时间比例，部分支持本研究假设 2。进一步分析结果说明，教学视频中前嵌问题的设计能够有效吸引学习者对与问题相关内容的注意分配。

（二）总注视时间

在眼动追踪实验中，实验再从被试对教学视频中所有内容的注视分配情况进行考察。本测验以实验条件为自变量，以被试的总注视时间为因变量，进行单因素方差分析，考察嵌入问题或问题反馈的三种情况下对学习者在整个视频学习过程中视觉注意分配的影响。分析结果发现，在三种实验条件下，被试对视频中所有学习内容的总注视时间有显著差异（F（2，87）=3.23，MSE=0.03，p<0.05，η^2=0.07），说明前嵌问题与反馈对被试的总注视时间有较大的影响。此外，对总注视时间进行事后进一步检验发现，观看前嵌问题且无反馈的教学视频的被试，其在整个教学视频学习过程中，对视频画面的总注视时间显著高于另外两组被试。被试对视频所有内容的总注视时间的组间差异如图 3.10 所示。

以上结果表明，在教学视频学习之前，嵌入问题并且不提供反馈，可以增强学习者对视频中所有学习内容的注意时长，支持本研究假设 3。上述结果还可以进一步说明，在学习内容中嵌入问题但不提供反馈的教学策略有效引导了学习者对学习内容的视觉搜索效率，这与在此种策略中的学习效果提升的实验结果也一致。然而，提供问题反馈的策略并没有显示出对视觉注意

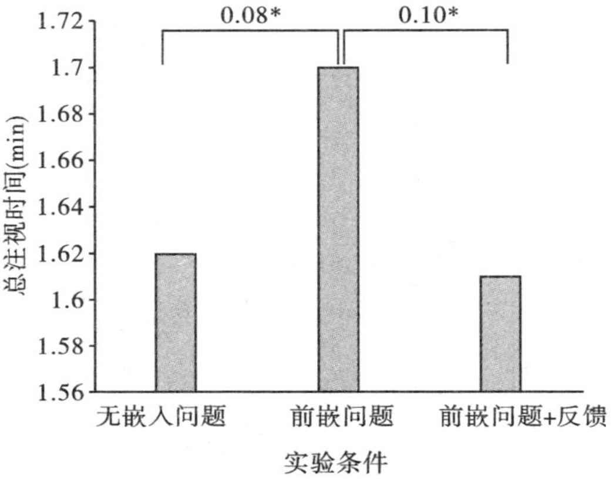

图 3.10 被试对视频中所有内容的总注视时间的组间差异

力和学习效果的正向促进优势，反倒是和无嵌入问题的视频对学习者的视觉分配影响比较相近。

四、结果分析与讨论

按照实验设计，本研究针对在教学视频中嵌入问题与否和提供反馈与否对学习者的学习影响开展了系列实验测试与分析探讨。在实验过程中，通过行为实验分别从学习者的短时学习效果（保持成绩和迁移成绩）和长时学习效果考察教学视频中前嵌问题与反馈对学习的影响；并采用眼动追踪技术实时记录他们观看视频的眼动过程，以探究考察教学视频中前嵌问题与反馈对学习内容注意力分配的影响。研究结果显示，在教学视频中前嵌问题且不提供反馈无论是在短期效果还是长期效果上，均能有效提高学习者的学习效果；前嵌问题且提供反馈只提高了学习者短时效果中的迁移效果，而对保持效果和长时效果亦没有显著影响。此外，研究还显示，在视频中前嵌问题无论提供反馈与否，均提高了学习者对与问题相关内容的首次视觉到达时间，但是只有当同时提供问题反馈的教学视频，才能明显提高学习者对相关内容的注视时间比例；教学视频中前嵌问题且不提供反馈的设计策略提高了学习者对所有教学内容的注意程度，而其他两组学习者则对视频中所有内容的总注视时间没有显著提高。本研究上述结论为教学视频交互设计提供了有利的实证依据，可有效指导教学视频的设计思路。

通过分析结果发现，教学视频中前嵌问题且不提供反馈的设计提高了学习者的学习效果，这一结果与认知冲突理论不谋而合。如前所述，学习者的认知发展过程是“平衡—不平衡—新的平衡”，可以简要描述为从平衡到不平衡，打破了原有的平衡，又重新建立了新的平衡。以往研究发现，在视频学习之前设置有意义的问题情境，当原有知识与新知识、新情境之间不相符时，能够引发学习者的认知冲突，让学习者积极投入到学习活动中，利用原有认知经验组织和整合现有学习材料，从而实现有意义学习（Rahim，Noor，Zaid，2015；袁启林，2015）①②。根据认知冲突理论，我们通过研究发现，在教学视频中前嵌问题在激发学习者认知冲突时，其头脑中的原有认知经验起着重要作用，能够有效帮助学习者整合视频中的学习内容，进行有意义的问题学习。因此可以推测，对于先前知识经验水平不同的学习者，前嵌问题在激发学习者认知冲突时可能存在差异，这种差异可以引导我们在未来研究中有必要探讨学习者的先前知识经验水平在教学视频中前嵌问题的设计中的作用。

结合学习效果和眼动数据，我们发现，在教学视频中前嵌问题但不提供反馈时，有利于学习者学习，这是由于这种交互形式提高了他们对整个教学内容的注意程度；而在教学视频中前嵌问题且提供反馈时，之所以不能提高学习效果，是由于这种交互形式仅提高了学习者对前嵌问题相关教学内容的注意力，并没有提高对教学视频中所有知识内容的注意力。当然，我们还发现，在教学视频中前嵌问题且提供反馈时，仅能提高学习者的短时迁移效果，问题反馈对学习迁移效果影响是不是还有其他原因，有待未来研究对此进一步深入研究。此外，教学视频中前嵌问题，无论是否提供反馈，均能作为线索，减少学习者对相关教学内容首次注视到达时间，这一结果说明，前嵌问题能够提高学习者的视觉搜索效率。这一结果与以往教学视频中线索相关研究结论是一致的（Wang，Li，Mayer，Liu，2018）③。教学视频中加入线索，在不改变教学内容本身的基础上，能起到引导学习者有选择地分配注意力的作用，从而将有限的认知资源投入关键信息加工，再来促进学习者对知识的

---

① RAHIM，NOOR，ZAID. Meta-analysis on Element of Cognitive Conflict Strategies with a Focus on Multimedia Learning Material Development [J]. International Education Studies，2015，8（13）：73-78.

② 袁启林. 创设问题情境 引发认知冲突 建构物理概念——浅析“摩擦力”教学案例 [J]. 物理教师，2015，36（9）：9-10.

③ WANG，LI，MAYER，et al. Animated pedagogical agents as aids in multimedia learning：effects on eye-fixations during learning and learning outcomes [J]. Journal of Educational Psychology，2018，110（2）：250-268.

深度学习（Pi，Hong，Yang，2017）[①]。相比较教学视频无嵌问题，前嵌问题在引起学习者视觉注意的同时，也会激发学习者思维活动的改变，使其接受问题信息时主动启动加工编码程序，完成对问题的主动建构，从而实现有意义的学习。这些结果在一定程度上补充了以往教学视频中前嵌问题影响学习的机制研究。

综上所述，在本章基础实验研究中可以得出结论：在教学视频中前嵌问题但不提供反馈的交互形式不仅可以有效引导学习者的注意力，同时还能够提高他们的学习效果；教学视频中前嵌问题提供反馈的交互仅能提高学习者的短时迁移效果，而对保持效果和视觉注意则无显著影响。这一结论可以直接指导我们今后的教学视频的交互设计工作，具体来讲，即可以在学习相关内容之前，嵌入一些有意义的问题情境，但不提供问题反馈，以改善学习者对学习内容的注意分配，促进学习者学习效果。

在本章涉及的研究仅为教学视频中前嵌问题与反馈对学习影响的粗略实验，虽然实验结论已经对今后的教学设计工作提供了有价值的借鉴思路，但考虑到影响学习者学习效果的因素有诸多种类，特别是学习者自身的个性特质差异是否会带来较大的影响，这都需要在今后的研究中进一步深入推进相关问题的探究。结合前文综述内容和上述研究结论，在本书的后续章节中重点选择了先前知识经验水平和学习动机水平作为学习者两个重要的个体特质，深入考察在教学视频中前嵌问题对学习者学习影响的调节作用。

---

① PI，HONG，YANG. Effects of the instructor's pointing gestures on learning performance in video lectures [J]. British Journal of Educational Technology，2017，48 (4)：1020-1029.

第四章　教学视频对不同先前知识经验学生学习的影响的交互效应

学习者先前知识经验水平对其学习影响的交互效应是在前文第一阶段研究的基础上，探索不同先前知识经验水平学习者的学习影响，以进一步检验基础实验研究的研究结论，并探究教学视频中前嵌问题与反馈对学习的影响中是否存在经验反转效应。本研究首先通过先前知识经验水平测验，将被试依据先前知识经验水平的高低分为两组；再分别让高先前知识经验水平组、低先前知识经验水平组的被试分别观看不同类型的教学视频，检验短时学习效果和长时学习效果，用于探索先前知识经验对学习者学习效果的影响；最后通过眼动追踪技术，测验不同先前知识经验水平被试的注意力分配情况。研究试图揭示本实验中是否存在知识反转效应。

第一节　教学视频对不同先前知识经验学生学习影响的研究设计

学习者先前知识经验是学习者重要的影响边界条件之一，为了更好考察学习者先前知识经验水平在其观看教学视频时的影响程度，本节首先从研究目的、研究假设、研究方法三个主要方面进行系统的研究设计。

一、研究目的

本实验旨在揭示教学视频中前嵌问题并附加反馈的方式对不同先前知识经验水平的学习者学习效果的影响中是否存在经验反转效应，即采用行为实验方法探索学习者先前知识经验水平在教学视频类型与其学习效果关系中的调节作用，并通过眼动实验试图揭示教学视频类型对不同先前知识经验水平的学习者在学习注意力分配的影响中是否存在经验反转效应。

二、研究假设

假设 1：教学视频中前嵌问题并附加反馈对学习者学习效果的影响中存

在经验反转效应。具体而言，对于低知识经验水平者，他们在前嵌问题的教学视频中学习效果最好；对于高知识经验水平者，他们在各类教学视频中学习效果相同。

假设 2：教学视频中前嵌问题并附加反馈对学习者在与问题相关学习内容的注意分配的影响中存在经验反转效应。具体而言，对于低知识经验水平者，他们在前嵌问题且提供反馈的教学视频中，分配更多的注意力在与问题相关的学习内容上；对于高知识经验水平者，他们在各类教学视频中，对与问题相关的学习内容的注意力分配情况无显著差异。

假设 3：教学视频中前嵌问题且无反馈的方式，提高了学习者对所有学习内容的注意。教学视频中嵌入问题并附加反馈对学习者在所有学习内容的注意力分配的影响中存在经验反转效应。具体而言，对于低知识经验水平者，他们在前嵌问题且无反馈的教学视频中，会更加关注所有的学习内容；对于高知识经验水平者，他们在各类教学视频中，对所有学习内容的关注程度无显著差异。

三、研究方法

（一）被试

为了顺利开展实验研究，研究者从武汉市某一高校随机招募 100 名大学生被试，其中包括男生 16 名，女生 84 名，本实验所招募到的被试性别分布情况与在校学生的性别实际分布较为接近。被试的年龄范围为 17 岁到 26 岁（$M = 20.73$，$SD = 1.57$）。根据被试在先前知识经验水平测验上得分的高低，将被试平均分为高知识经验组（$n = 50$）和低知识经验组（$n = 50$）。在后续的测试中发现，高知识经验组有 1 名被试、低知识经验组有 5 名被试未通过眼动矫正或未完成眼动实验，因此，最终有效被试 94 名，分别是高知识经验组（$n = 49$）和低知识经验组（$n = 45$）。经检测，所有被试视力或矫正视力正常，无色盲色弱，且听力正常。上述被试均为自愿参加实验，知情同意，实验后发礼品作为报酬。

（二）视频材料

依据实验设计总体安排，本实验教学材料的设计方面依然选择了三种教学视频作为实验条件，分别为无问题嵌入教学视频、问题前嵌但无反馈的教学视频和问题前嵌有反馈的教学视频。实验所需的三组教学视频内容基本相同，问题嵌入的无反馈组和有反馈组教学视频都是在无问题嵌入组视频的基础上，在观看相应知识点前面嵌入问题，被试可以根据问题进行思考并进行后续学习。然而，这两组嵌入问题的视频内容相同，但前嵌无反馈组仅在视频中提供问题，前嵌有反馈组不仅提供问题还将在提示问题后一定时间内给予答案反馈。同样，为了确定提供反馈答案的时间，本研究专门针对问题提示后大学生阅读题目的时长测量做了预实验。通过测试另外 10 名大学生对提示问题的阅读速度发现，大家阅读题目需要时长为 4～5 秒，一般都能在 5 秒内阅读完。由此，本研究最终决定在视频中每个题目提示 5 秒后给阅读者提供答案反馈。

在本研究中，实验所采用的测试材料为《控制体重？从认识卡路里开始》的教学微视频，如图 4.1 所示。在材料内容的选择上，结合了当前流行话题“减肥”，研究者选择了面向广大年轻大学生较为喜欢的运动健康类内容，此话题的关注度较高。材料在组织过程中，主要以《公共营养师（基础知识）》及其配套辅导练习为参考，专门安排三位实验人员负责编制内容，并由某高校生命科学学院一位营养学专业教师最终审核定稿。视频的制作是在某演播室拍摄成微视频，并完成视频的后期编制工作，依据三种不同的实验要求制作成三组视频材料。三组视频长度略有区别，其中无问题嵌入组视频总时长为 4 分 50 秒（其中 1 分 58 秒是去除所有与学习问题无关内容所剩时间），前嵌问题无反馈组与前嵌问题有反馈组的教学视频总时长相同，为 5 分 30 秒（其中 2 分 38 秒是去除所有与学习问题无关内容所剩时间）。在前嵌问题的两组视频中，问题嵌入的方式也经过细致的考虑，依据文献综述中研究结论，在前嵌问题无反馈的教学视频中每个问题呈现时长统一设置为 10 秒，在前嵌问题有反馈的教学视频中，每个问题呈现 10 秒，到第 5 秒时呈现参考答案。

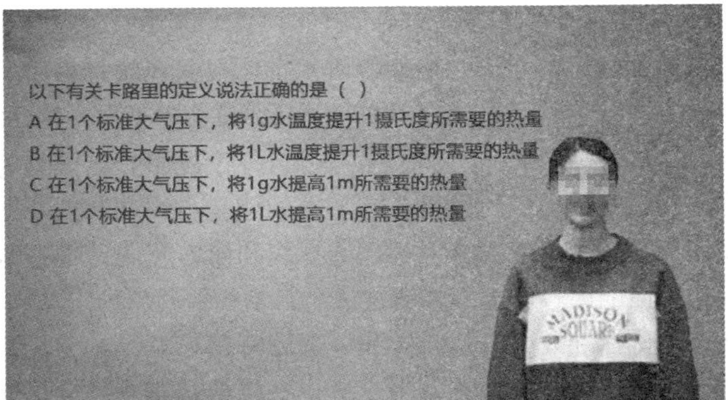

图 4.1　教学视频材料示意图

本实验中采用的问题类型均为选择题，一共有 4 个题目，为 3 个单选题、1 个多选题。例如题目 2：以下有关卡路里的定义说法正确的是（　　）。

A. 在 1 个标准大气压下，将 1g 水温度提升 1℃所需要的热量

B. 在 1 个标准大气压下，将 1L 水温度提升 1℃所需要的热量

C. 在 1 个标准大气压下，将 1g 水提高 1m 所需要的热量

D. 在 1 个标准大气压下，将 1L 水提高 1m 所需要的热量

在题目 2 播放 5 秒以后，在有反馈的视频中播放反馈答案。

题目 2：以下有关卡路里的定义说法正确的是（　　）。

A. 在 1 个标准大气压下，将 1g 水温度提升 1℃所需要的热量

B. 在 1 个标准大气压下，将 1L 水温度提升 1℃所需要的热量

C. 在 1 个标准大气压下，将 1g 水提高 1m 所需要的热量

D. 在 1 个标准大气压下，将 1L 水提高 1m 所需要的热量

答案：A

本实验所需视频中全部问题详见附录一。

实验材料的开发制作过程共有三个阶段。第一阶段为编制内容，制作教学课件。课件制作结合了录播室呈现方式，遵从多媒体设计原则进行设计和开发。第二阶段为教学微视频的拍摄。拍摄前认真选择主讲人员，采用了 Panasonic 的 AJ-PX298 摄像机进行录制，由三位教育技术学专业的研究生协助拍摄完成。第三阶段为视频的后期编辑。制作人员使用 TechSmith 公司的 Camtasia Studio 软件进行编辑处理，并插入问题，制作成三组不同类型的教学视频，以备研究使用。

（三）测量工具

1. 先前知识经验水平测验

为了测试被试的先备知识的个性特质水平，根据视频材料中所涉及的内容，本研究首先自行编制了先前知识测验题目。该测验试题包括 4 个判断题、6 个单选题、1 个多选题和 2 个问答题，一共 13 个题目，具体见附录二。在知识点考察方面，每种类型的题目各有不同的侧重点，其中判断题主要是关于对卡路里知识基础了解情况的考察，选择题和简答题则是考察卡路里的基本知识和操作方面的内容，主要检测被试是否掌握卡路里的定义和简单计算。在分值分配及评价标准方面，判断题和单选题每题答对得 1 分，答错或漏答不得分；多选题和问答题每题答对得 2 分，答错或漏答不得分；该测验总分为 16 分。在测量评价方面，评分是由 1 位主试人员负责完成评价，并对评分结果进行了分析，得分越高，表明被试掌握的卡路里知识越多；相反，得分

越低则说明被试对卡路里相关知识越欠缺。该测验具有较好的区分度（t（88）＝11.424，p＜0.001）。上述关于先前知识经验水平的测试试题符合本实验的要求，可以在本实验中正常使用。

2. 学习效果测验

为了探究教学视频前嵌问题与反馈对不同先前知识经验水平学习者学习的影响中是否存在经验反转效应，本研究主要从知识的保持成绩和迁移成绩两个水平对被试的学习效果进行考察，包括保持测验和迁移测验，这两个测验中涵盖的知识点分别来自于视频课程中学习内容和相关内容。

（1）保持测验：主要考察被试对视频课程中的知识内容的理解和掌握程度。先由本研究人员围绕教学视频中所有知识点进行认真的选题设计，过程严谨、科学客观、涵盖面广，再由某高校一位营养学专业老师审核确定保持测验的题目及每个题目的详细参考答案。保持测验的测试题目具体见附录三。本测试共有 7 个题目，包括 4 个填空题、2 个单选题和 1 个多选题。在分值分配方面，每个题目分值不同，其中填空题每空 1 分，答对计 1 分，答错或漏答计 0 分，总分为 8 分；单选题每题有 4 个选项，答对计 1 分，答错或漏答计 0 分，总分为 2 分；多选题有 5 个选项，答对计 2 分，答错、漏答或答不全均计 0 分，总分 2 分。该测试的总分为 12 分。在被试保持测试评价方面，测验成绩由 1 位主试根据评分标准严格评定，得分越高说明对学习内容的保持学习效果越好，相反则说明对学习内容掌握较差。测验题目具有较高的区分度（t（88）＝13.21，p＜0.001）。

（2）迁移测验：主要考察被试对教学视频的相关内容的学习掌握情况。经过研究者围绕教学视频相关内容进行认真的选题设计，过程严谨、科学客观、涵盖面广，再经某高校一位营养学专业老师审核确定迁移测验的题目及每个题目的详细参考答案。该测验共 2 个题目，均为问答题。迁移测验的测试题目具体见附录四。在分值分配方面，请视频课程中的教师根据教学视频的相关内容制订每个题目的详细参考答案和评分标准，第一个迁移题满分为 3 分，第二个迁移题满分为 7 分，总共 10 分。在被试迁移测试评价方面，测验成绩由 2 位主试根据评分标准严格评定，取 2 位主试评分的平均值为最终的测验成绩。经过分析比较发现，两位评分者的一致性较高（Cronbach's α＝0.96，0.98），同时该测验具有较高的区分度（t（88）＝12.98，p＜0.001）。

3. 注意力分配

在考察被试视觉注意力的设计方面，依据实验研究安排，本研究借助现代化的眼动追踪技术，从两个方面分别考察视频中嵌入问题与反馈对学习者注意力分配的影响。首先，将与嵌入问题直接相关的教学视频内容作为兴趣区，以学习者凝视兴趣区的时间所占比例（IA _ DWELL _ TIME _ %），以及首次注视兴趣区时视觉到达的时间为依据，考察视频中嵌入问题与反馈对学习者注意力与问题直接相关的教学视频内容的影响程度。其次，以学习者对整段视频播放过程中观看情况的完整记录结果为依据，统计出被试注视教学视频画面的总时间，考察视频中嵌入问题与反馈对学习者注意视频画面的影响程度。

（四）实验设计与程序

为了方便开展后续实验，本研究是在前文粗略实验研究的基础上，以先前知识经验水平作为学习者的一个边界条件，考察教学视频中前嵌问题与反馈对其学习效果和注意力分配的影响，是第三章研究的进一步延伸。根据研究内容安排，本实验采用3×2的被试间设计。其中，教学视频类型包括三个水平：无嵌入问题、前嵌问题但无反馈和前嵌问题且有反馈。被试的先前知识经验包括两个水平：低知识经验水平和高知识经验水平。由于是采用3×2设计模式，每个被试只需观看一种教学视频，不存在重复交叉现象。

在具体实验过程中，该实验在武汉某高校的眼动实验室进行单独施测，在主试组织下，每位被试进入实验室后，首先填写被试个人基本信息，再进行先前知识经验水平测验，然后由主试人员讲解实验要求和实验流程。在了解实验要求和操作流程后，研究人员将被试随机分配，观看其中一种视频，即无嵌入问题的视频、前嵌问题无反馈的视频、前嵌问题附加反馈的视频。眼动仪记录被试的眼动实时情况，具体如图4.2所示。最后，在视频课程学习结束之后，研究人员让被试填写学习效果测验（均须完成保持测验和迁移

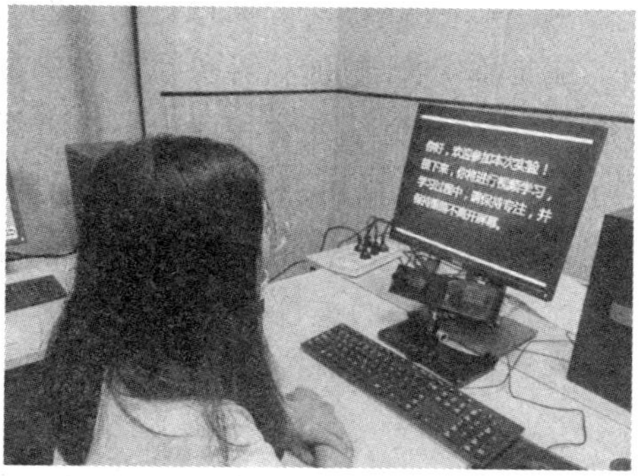

图4.2　被试参与先前知识经验水平和实验条件的交互效应眼动实验图

测验）。整个实验过程中，主试组织有序，被试积极配合安排，实验所需时长约为 30 分钟。

（五）数据处理

结合上述实验设计流程，本实验的数据由两部分组成，分别是行为实验的数据和眼动追踪的数据。由于这两种数据的取样方式不同，它们的处理方式不太相同。为了保证数据收集分析工作的科学性，本测试的数据处理共分为三个步骤，首先行为实验数据的处理，由主试人员根据测试提供的参考答案和评分标准对被试的先前知识经验、保持效果、迁移效果和长时效果测验结果分别进行测评，对于眼动实验数据的处理，同样由主试人员采用 EyeLink 1000 自带数据分析软件 Data Viewer 从眼动追踪仪器上提取眼动实时数据；其次，研究人员采用 Excel 软件对收集的实验数据和提取的眼动数据分别进行初步分析；最后，由研究人员采用专业统计分析软件 SPSS 22.0 对数据进行后期的描述性统计分析、方差分析和事后检验等，为研究分析提供有效的实验分析结论，以检验是否与研究假设的内容相一致。

第二节　教学视频对不同先前知识经验水平学生学习影响的研究结果分析

通过本实验开展的教学视频类型与先前知识经验水平对学习者学习影响的交互作用测试，先后采用行为实验研究方法和眼动追踪技术测试，在完成上述所有实验任务和数据统计分析后，为了探究实验中被试的先前知识经验水平与实验条件对学习效果和注意力影响的交互效应究竟如何，能否验证实验假设的结论，下面我们就从被试的学习效果和注意力分配情况两个方面进行系统分析。

一、学习效果

本研究采用了保持学习效果测验和迁移学习效果测验两种方式，分别考察教学视频中是否嵌入问题和前嵌问题是否反馈对不同先前知识经验水平被试学习效果的影响中是否存在经验反转效应。经过研究人员采用 SPSS 17.0 专业软件对实验结果进行统计分析，被试的学习效果（保持和迁移）的描述性统计结果具体见表 4.1。

表 4.1 实验条件与先前知识经验水平交互效应中学习效果的平均值（标准差）

被试类型	实验条件	n	保持		迁移	
			M	SD	M	SD
低知识经验水平者	无嵌入问题	19	6.47	2.12	3.91	2.01
	前嵌问题	15	8.33	1.84	5.35	2.10
	前嵌问题+反馈	11	5.91	1.30	4.91	2.77
高知识经验水平者	无嵌入问题	15	7.87	2.13	5.87	2.16
	前嵌问题	16	7.44	2.34	5.42	2.33
	前嵌问题+反馈	18	7.72	2.08	5.60	2.67

（一）保持成绩

为了考察教学视频类型对被试的保持成绩的影响是否存在经验反转效应，本测试首先以实验条件和被试类型为自变量，以被试的保持成绩为因变量，再进行两因素方差分析。经过分析发现，实验条件主效应不显著（$F(2, 88)=2.12$，$MSE=4.14$，$p>0.05$，*Partial Eta Squared*=0.05），被试类型主效应边缘显著（$F(1, 88)=3.27$，$MSE=4.14$，$p=0.07$，*Partial Eta Squared*=0.04），实验条件与被试类型交互效应显著（$F(2, 88)=3.88$，$MSE=4.14$，$p<0.05$，*Partial Eta Squared*=0.08）。经过对实验条件与被试类型交互效应进一步事后分析发现，对于低知识经验水平者，在三种实验条件下保持成绩有显著差异，他们观看前嵌问题且不提供反馈的教学视频后，保持成绩最高（$F(2, 42)=6.51$，$MSE=3.45$，$p<0.01$，$\eta^2=0.24$）；而在观看没有嵌入问题和前嵌问题且提供反馈时，他们之间的保持成绩没有显著差异。对于高知识经验水平者，在三种实验条件下保持成绩没有显著差异（$F(2, 46)=0.16$，$MSE=4.77$，$p>0.01$，$\eta^2<0.01$），保持成绩基本一致。实验条件与被试类型对保持成绩的交互效应分析具体如图 4.3 所示。

上述结果表明，教学视频类型对被试的保持成绩的影响存在经验反转效应，支持本研究假设 1。具体而言，在观看前嵌问题但不提供反馈的教学视频时，低先前知识经验水平被试组的保持成绩有显著的提升，而对于高知识经验水平被试的保持则没有提升。在观看其他两组类型的教学视频时，高低先前知识经验水平两组的保持成绩的额测试效果没有显著变化。这可以表明，当教学视频中前嵌问题但不提供反馈时，这种教学策略可以对低知识经验水平被试在其关于教学视频中知识内容的测试效果有显著的促进作用。

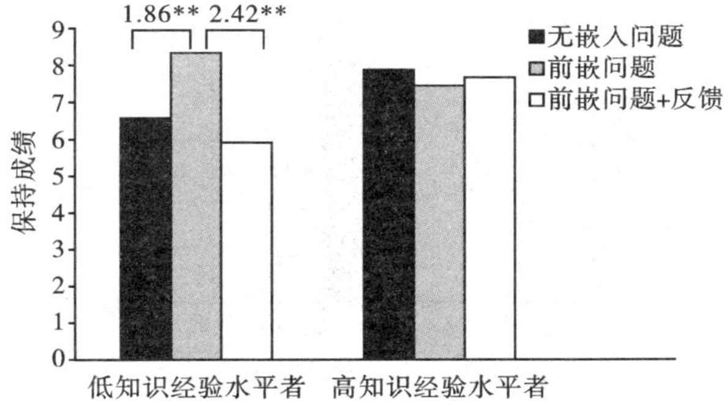

注：* $p<0.05$，** $p<0.01$，*** $p<0.001$；图中的数值为两组间的均值差（Mean Difference，*MD*），下同。

图 4.3　实验条件与被试类型对保持成绩的交互效应分析

（二）迁移成绩

为了进一步考察教学视频类型对被试的迁移成绩的影响是否存在经验反转效应，本测试再以实验条件和被试类型为自变量，以迁移成绩为因变量，进行两因素方差分析。经过分析发现，实验条件主效应不显著（$F(2, 88)=0.40$，$MSE=5.37$，$p>0.05$，*Partial Eta Squared*$=0.01$），被试类型主效应边缘显著（$F(1, 88)=3.49$，$MSE=5.37$，$p=0.07$，*Partial Eta Squared*$=0.04$），实验条件与被试类型交互效应不显著（$F(2, 88)=1.40$，$MSE=5.37$，$p>0.05$，*Partial Eta Squared*$=0.03$）。被试类型主效应说明，无论哪种实验条件下，高知识经验水平者的迁移成绩均高于低知识经验水平者。实验条件与被试类型对迁移成绩的交互效应分析具体如图 4.4 所示。

上述结果表明，教学视频类型对被试的迁移成绩的影响并不存在经验反转效应，不支持本研究假设 1。具体而言，当观看三种不同的教学视频类型时，前嵌问题但不提供反馈的视频虽然提高了低知识经验水平组的成绩，但是高知识经验水平组被试的迁移测试成绩均高于低知识经验水平组，仅表现出被试类型的主效应边缘显著。这说明，实验条件在对被试关于教学视频的相关内容掌握情况的考察中未呈现出较为显著的促进作用。

通过对被试保持成绩和迁移成绩测试结果分析发现，教学视频中前嵌问题但不提供反馈的实验条件仅对学习者的保持成绩的交互效应中发生了经验反转效应，部分支持本研究假设 1。

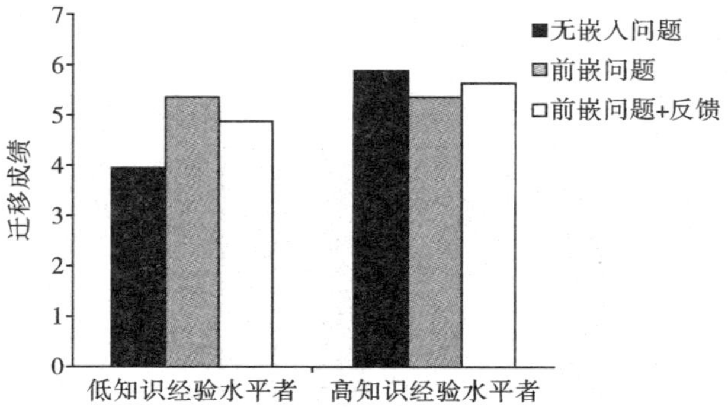

图 4.4 实验条件与被试类型对迁移成绩的交互效应分析

二、注意力分配

为了探究被试的先前知识经验水平与教学视频中无嵌入问题、前嵌问题无反馈与前嵌问题有反馈三种情况下对学习者的视觉注意力分配引起的交互影响，本研究通过眼动追踪实验分别考察被试与嵌入问题相关内容的注意力（IA_DWELL_TIME_%和兴趣区内首次注视到达时间），以及对教学视频所有内容的注意力（总注视时间）。IA_DWELL_TIME_%是指凝视兴趣区的时间所占比例；兴趣区内首次注视到达时间是指兴趣区内第一次注视发生的时间，或者称为视觉首次达到的时间；总注视时间是指在整个视频学习过程中，被试注视视频画面所有注视的时间总和。经过对实验数据分析处理，本实验中各眼动指标的描述性统计结果见表 4.2。另外，为了进一步检验被试观看视频时的视觉分布情况，不同先前知识经验水平者观看视频的热区分布情况见图 4.5 和图 4.6。

表 4.2 所有眼动指标的平均值（标准差）

被试类型	实验条件	兴趣区内的眼动指标		总注视时间（min）
		IA_DWELL_TIME_%	兴趣区内首次注视到达时间（s）	
低知识经验水平者	无嵌入问题	0.44（0.06）	1.15（0.73）	1.62（0.18）
	前嵌问题	0.46（0.04）	0.51（0.35）	1.74（0.15）
	前嵌问题+反馈	0.52（0.10）	0.73（0.41）	1.58（0.18）
高知识经验水平者	无嵌入问题	0.43（0.06）	1.18（0.49）	1.64（0.14）
	前嵌问题	0.45（0.05）	0.64（0.39）	1.67（0.18）
	前嵌问题+反馈	0.50（0.08）	0.62（0.40）	1.66（0.14）

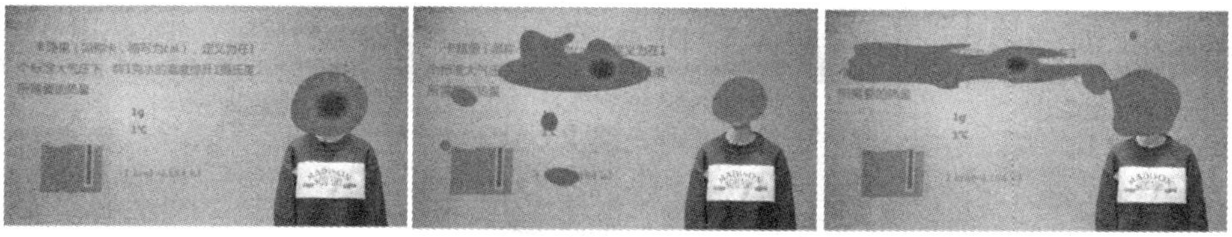

无嵌入问题　　前嵌无反馈　　前嵌有反馈

图 4.5　低知识经验水平者观看视频的热区图

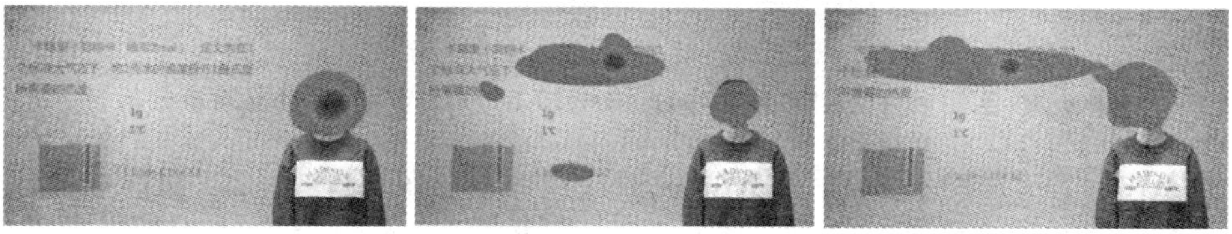

无嵌入问题　　前嵌无反馈　　前嵌有反馈

图 4.6　高知识经验水平者观看视频的热区图

（一）兴趣区

为了考察教学视频类型对被试与问题相关内容的注意力的影响中是否存在经验反转效应，本研究首先以实验条件和被试类型为自变量，以被试凝视兴趣区的时间所占比例（IA _ DWELL _ TIME _ %）为因变量，进行两因素方差分析。经过结果分析发现，实验条件主效应显著（$F(2, 88) = 9.96$，$MSE < 0.01$，$p < 0.001$，*Partial Eta Squared* $= 0.19$），被试类型主效应不显著（$F(1, 88) = 0.43$，$MSE < 0.01$，$p > 0.05$，*Partial Eta Squared* < 0.01），实验条件与被试类型交互效应不显著（$F(2, 88) = 0.02$，$MSE < 0.01$，$p > 0.05$，*Partial Eta Squared* < 0.001）。对实验条件主效应进行 *LSD* 事后检验发现，被试在观看前嵌问题且有反馈教学视频中，对与问题相关视频内容的注视时间所占百分比显著高于另外两组被试（$MD = 0.07$，$p < 0.001$；$MD = 0.05$，$p < 0.01$），并且另外两组没有表现出显著差异（$MD = 0.02$，$p > 0.05$），实验条件与被试类型对凝视兴趣区的时间所占比例（IA _ DWELL _ TIME _ %）的交互效应分析如图 4.7 所示。

其次，再以实验条件和被试类型为自变量，以兴趣区内首次注视到达时间为因变量，进行两因素方差分析。经过分析发现，实验条件主效应显著（$F(2, 88) = 12.98$，$MSE = 0.25$，$p < 0.001$，*Partial Eta Squared* $= 0.23$），被试类型主效应不显著（$F(1, 88) = 0.03$，$MSE = 0.25$，$p > 0.05$，*Partial Eta Squared* < 0.001），实验条件与被试类型交互效应不显著（$F(2, 88) = 0.44$，$MSE = 0.25$，$p > 0.05$，*Partial Eta Squared* $= 0.01$）。对实验条件主

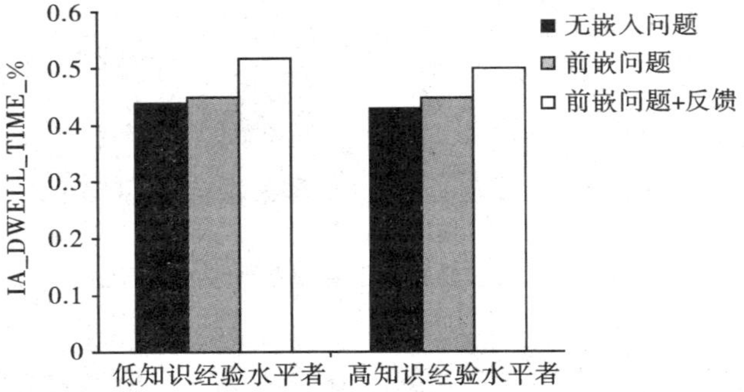

图 4.7 实验条件与被试类型对 IA _ DWELL _ TIME _ %的交互效应分析

效应进行 *LSD* 事后检验时发现，被试在观看前嵌问题但无反馈和前嵌问题且有反馈的两组教学视频中，首次注视与问题相关内容的视觉到达时间显著短于观看无嵌入问题的教学视频的被试组（$MD=0.58$，$p<0.001$；$MD=0.50$，$p<0.001$）；观看前嵌问题但无反馈教学视频和前嵌问题且有反馈教学视频的两组被试的首次注视到达时间并没有显著差异（$MD=0.08$，$p>0.05$）。实验条件与被试类型对首次注视到达时间的交互效应分析如图 4.8 所示。

上述结果表明，教学视频类型对被试与问题相关视频内容的注意力的影响并不存在经验反转效应，不支持本研究假设 2。具体而言，在观看不同类型的视频时，高低知识经验水平的两组被试无论在凝视兴趣区的时间所占比例（IA _ DWELL _ TIME _ %），还是在对视频内容视觉首次注视到达时间均没有显著变化，在低知识经验水平组观看视频时未提高他们对相关内容的视觉搜索效率。

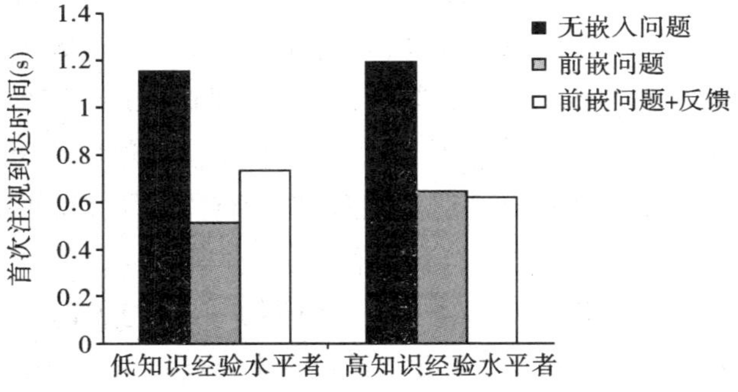

图 4.8 实验条件与被试类型对首次注视到达时间的交互效应分析

（二）总注视时间

为了考察教学视频类型对被试注视所有学习内容的影响是否存在经验反转效应，本研究首先以实验条件和被试类型为自变量，以总注视时间为因变量，进行两因素方差分析。经过结果分析发现，实验条件主效应边缘显著（F（2，88）$=2.65$，$MSE=0.03$，$p=0.08$，$Partial\ Eta\ Squared=0.06$），被试类型主效应不显著（$F$（1，88）$=0.20$，$MSE=0.03$，$p>0.05$，$Partial\ Eta\ Squared<0.01$），实验条件与被试类型交互效应不显著（$F$（2，88）$=1.35$，$MSE=0.03$，$p>0.05$，$Partial\ Eta\ Squared=0.03$）。对实验条件主效应进行 LSD 事后检验时发现，被试在观看前嵌问题但无反馈教学视频中，对所有相关内容的总注视时间略高于另外两组（$MD=0.08$，$p=0.05$；$MD=0.07$，$p=0.08$）。实验条件与被试类型对总注视时间的交互效应分析如图 4.9 所示。

以上结果表明，教学视频类型对被试注视所有学习内容的影响不存在经验反转效应，不支持本研究假设 3。具体而言，无论哪种教学视频类型，当被试观看时对所有学习内容的总注视时间没有显著变化，也没呈现出对低知识经验水平被试的视觉搜索效率有明显的促进作用。

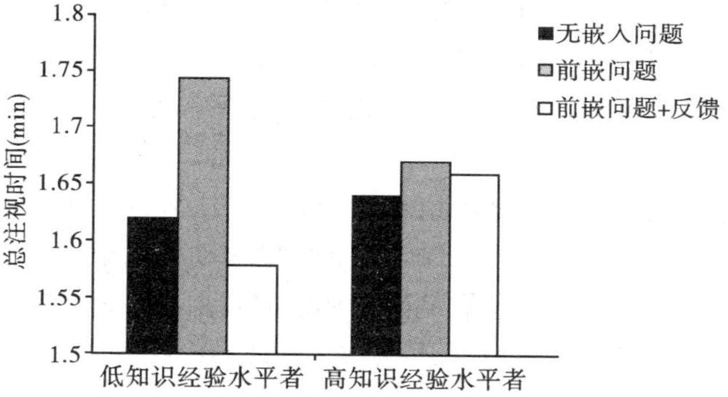

图 4.9　实验条件与被试类型对总注视时间的交互效应分析

三、研究分析与讨论

本研究进一步探究了教学视频类型与不同先前知识经验水平的交互作用对学习的影响中是否存在经验反转效应，是以此边界条件作为一个影响因素，检验上一章研究的相关结论。分析结果发现，学习者先前知识经验水平与视频类型对其学习效果具有显著的交互影响。学习效果上的交互效应具体体现在，对于低知识经验水平的学习者来说，在观看前嵌问题但不提供反馈的教学视频时，取得了更好的学习效果；但已有较高知识经验水平的学习者却没有表现出这种差异，存在有经验反转效应。然而，学习者先前知识经验水平与教学视频类型在对其注意力分配的影响中没出现显著交互作用，具体来说，对比于高知识经验水平，低知识经验水平者在观看教学视频中前嵌问题时，对与问题相关内容和所有内容的视觉注意力都没有显著变化，这说明并没有大幅提升低知识经验水平被试对学习内容的搜索效率。

在考察中发现，对于低知识经验水平的学习者来说，在前嵌问题但不提供反馈的教学视频学习中展现出的优势效果与前文的基础实验研究，以及以往研究结论和相关理论一致（Carpenter 等，2016）①。如前所述，在学习相关内容之前，向学习者创设一些问题情境，可以提高学习者的注意力程度，这一作用类似于教学视频中嵌入其他的线索，如箭头、字符加粗和教师指示性动作等（Wang，Li，Mayer，Liu，2018）②，用于改善学习者的学习效果。在此，有必要指出的是，与其他的线索，如箭头、字符加粗和教师指示性动作等不同的是，其他常见的线索只能提高学习者对被提示的内容的注意（谢和平、王福兴、周宗奎、吴鹏，2016）③，而在教学视频中前嵌问题不仅能提高学习者对问题相关内容的注意力程度，同时还能够提高他们对视频中全部教学内容的注意力程度，由此，从这层意义上来说，前嵌问题且不提供反馈的这种教学设计策略对注意力引导的作用优于其他常规线索。此外，这种教学策略是否对学习者的认知心理带来影响呢？根据认知冲突理论可以推测，教学视频中的前嵌问题通过激发学习者的认知冲突，可提高他们的学习动机，激发学习兴趣，促进其深度学习的发生，从而提高他们的学习效果，这与以往的研究结果也是相一致的（Rahim，Noor，Zaid，2015；袁启林，2015）④⑤。当然，未来研究还需要进一步探讨学习者的学习动机在教学视频前嵌问题设计中的调节作用。同样，从思维型教学理论的视觉出发进行推理，在视频学习中，学习者学习的核心活动是思维，教学视频中根据学习者的先知背景，

---

① CARPENTER，TOFTNESS. The Effect of Prequestions on Learning from Video Presentations [J]. Journal of Applied Research in Memory & Cognition，2017（1）：104-212.

② WANG，LI，MAYER，et al. Animated pedagogical agents as aids in multimedia learning：effects on eye-fixations during learning and learning outcomes [J]. Journal of Educational Psychology，2018，110（2）：250-268.

③ 谢和平，王福兴，周宗奎，等. 多媒体学习中线索效应的元分析 [J]. 心理学报，2016，48（5）：540-555.

④ RAHIM，NOOR，ZAID. Meta-analysis on Element of Cognitive Conflict Strategies with a Focus on Multimedia Learning Material Development [J]. International Education Studies，2015，8（13）：73-78.

⑤ 袁启林. 创设问题情境 引发认知冲突 建构物理概念——浅析“摩擦力”教学案例 [J]. 物理教师，2015，36（9）：9-10.

有计划、有目的地创设教学情境，促进他们的认知发展，帮助学习者主动完成信息建构，有效提升他们的学习效果。

本章研究结果显示，学习者在前嵌问题的教学视频学习中呈现出经验反转效应，与以往研究结论较为一致（Kalyuga 等，2012）①。根据经验反转效应，学习者的先前知识经验水平是影响其对教学视频学习效果的重要认知因素之一，对于低知识经验水平的学习者有效的教学设计原则对于高知识经验水平的学习者来说并不能起到促进作用（Mayer，2014）。以往有研究者指出，低知识经验水平的学习者与高知识经验水平的学习者，在学习过程中采用的认知加工方式存在着一定的差异，具体表现在，对于低知识经验水平的学习者，他们主要采用的是自下而上的加工方式，换句话说，他们的注意力分配或者认知资源分配更容易受到视觉信息的凸显性的影响（Arslan-Ari，2018）；然而，对于高知识经验水平学习者，他们则主要采用的是自上而下的加工方式②。相比较于高知识经验水平的学习者，当教学视频中前嵌问题时，这种自下而上的认识方式减少了低知识经验水平学习者的不必要的视觉信息搜索，降低了他们对视频内容的认知负荷，因此，释放出更多的认知资源用于知识信息的整合，从而提高了他们的学习效果。此外，根据认知冲突理论，当教学视频中前嵌问题时，学习者头脑中的先前知识经验可能与问题之间发生交互作用，产生一定的认知冲突，而对于低知识经验水平的学习者与高知识经验水平的学习者，他们头脑中的先前知识经验水平存在差异，因此，教学视频中的前嵌问题在激发学习者认知冲突时也可能存在差异，这种前嵌问题的教学设计可能更容易引起低知识经验水平的学习者的认知冲突，促进他们对知识的主动建构，从而导致在教学视频中前嵌问题能更有效提高他们的学习效果（Rahim 等，2015）③。

再者，基于本研究开展的眼动追踪实验，分析眼动数据发现，教学视频中前嵌问题在注意力引导上并不存在经验反转效应，与前文的研究结果一致，

---

① KALYUGA，RIKERS，PAAS. Educational implications of expertise reversal effects in learning and performance of complex cognitive and censorimotor skills [J]. Educational Psychology Review，2012，24（2）：313-337.

② ARSLAN-ARI. Learning from instructional animations：How does prior knowledge mediate the effect of visual cues? [J]. Journal of Computer assisted Learning，2018，34（2）：140-149.

③ RAHIM，NOOR，ZAID. Meta-analysis on Element of Cognitive Conflict Strategies with a Focus on Multimedia Learning Material Development [J]. International Education Studies，2015，8（13）：73-78.

即前嵌问题提高了学习者对与问题相关视频内容的搜索效率，且前嵌问题但不提供反馈时，提高了他们对这个教学内容的注意力程度。结合学习效果结果表明，尽管视频中前嵌问题可以提高所有学习者对相关内容的注意力，但是却只能提升低知识经验水平学习者的测试成绩，高知识经验水平学习者的测试成绩并没有显著提高。我们由此推测，对于高知识经验水平的学习者，尽管没有分配过多的注意力于教学内容，也能取得较好的学习效果。这些结果暗示着我们，在教学视频学习过程中，影响低知识经验水平的学习者与高知识经验水平的学习者的学习效果的因素可能存在一定的差异。然而，根据Mayer（2014）多媒体学习理论，影响教学视频学习效果主要是来自两方面的因素：一方面是教学视频的认知方面的设计，如插入线索、图文结合等，减少学习者的认知负荷，从而促进深度学习的发生；另一方面是教学视频的社会方面的设计，如教师使用手势、目光接触等，激发学习者的学习反应，提高他们参与学习的动机，从而促进深度学习的发生①。因此，有必要在未来研究中进一步探究影响低知识经验水平的学习者与高知识经验水平的学习者的视频学习效果的因素，可以尝试在教学视频中增加一些社会方面的设计，以考察对高知识经验水平学习者学习效果的影响程度。另外，教学视频中嵌入问题在对学习迁移效果的影响中未发生知识反转效应的深层次原因究竟是什么，是否因为高低知识经验水平差异较小，也有待在未来研究中进一步深入探索。

综上所述，我们通过研究分析可以得出如下结论：教学视频前嵌问题的设计中存在经验反转效应。这一结论对教学视频设计的启示是，我们可以通过在学习相关内容之前，嵌入一些有意义的问题，但不提供问题反馈，以促进低知识经验水平者的学习效果。这种嵌入问题设计策略能否在课堂教学实践中有效提升学习者的学习效果，是否发生经验反转效应；特别是对于高先前知识经验水平的学习者，需要探索教学视频中另外的教学设计策略，比如增加一些教师手势等社会性设计策略，以期提高他们的学习效果，这些有待未来的研究加以检验。

---

① MAYER. The Cambridge handbook of multimedia learning [M]. Cambridge: Cambridge University Press, 2014.

第五章 教学视频前嵌问题对学习影响中学习动机水平的调节作用

学习动机水平也是影响学习者学习效果的重要因素之一，本章在基础实验研究的基础上，探索教学视频中前嵌问题对不同学习动机水平学习者的学习影响的交互作用，以进一步检验第三章中实验的研究结论。本研究首先通过动机问卷测量被试的学习动机水平，将被试依据学习动机水平的高低分为两组，分别让低学习动机水平组、高学习动机水平组分组观看不同类型的教学视频，并完成短时学习效果和长时学习效果测试，探索其对学习者的学习影响；然后通过眼动追踪技术，测验不同动机水平的被试的注意力分配情况，考察被试对相关学习内容和所有学习内容的视觉搜索效率，以期揭示本实验中学习动机水平对学习的调节作用。

第一节 学习动机水平在教学视频中对学习影响的研究设计

为了更好考察学习动机水平在教学视频中对学习影响的程度，做好研究的准备工作，首先从研究目的、研究假设、研究方法三个主要方面进行研究设计。

一、研究目的

本实验旨在通过实验研究揭示学习者学习动机水平与教学视频类型对其学习效果的交互作用，并试图揭示这一交互效应对学习者视觉注意力分配的影响程度，探索学习动机水平对学习效果的调节作用。

二、研究假设

假设 1：学习者学习动机水平与教学视频类型对其在学习效果上存在交互作用。具体而言，在教学视频中嵌入问题但无反馈，对高学习动机水平者的学习效果的促进作用大于低学习动机水平者。

假设 2：学习者学习动机水平与教学视频类型对其与问题相关学习内容的注意力分配上存在交互作用。具体而言，在教学视频中嵌入问题但无反馈，对引导高学习动机水平者的注意力与问题相关学习内容的作用大于低学习动机水平者。

假设 3：学习者学习动机水平与教学视频类型对其在所有学习内容的注意力上存在交互作用。具体而言，在教学视频中嵌入问题但无反馈，对引导高学习动机水平者的注意力在所有学习内容方面的作用大于低学习动机水平者。

三、研究方法

（一）被试

在实验开始前，先从武汉市某一高校随机招募 96 名大学生被试，包括男生 9 名，女生 87 名。据统计，被试的年龄范围为 17 岁到 26 岁（$M=20.85$，$SD=1.62$）。为了方便分组，对被试开展了学习动机水平测试，并根据被试在学习动机问卷上得分的高低情况，将被试分为高动机组（$n=48$）和低动机组（$n=48$）。经检测，所有被试视力或矫正视力正常，无色盲色弱，且听力正常，符合实验条件。被试均为自愿参加实验，知情同意。

（二）视频材料

在本章实验中，实验教学材料分为三种教学视频，分别为无问题嵌入组、问题前嵌但无反馈组和问题前嵌有反馈组。实验所需的三组教学视频内容基本相同，问题嵌入的无反馈组和有反馈组教学视频都是在无问题嵌入组视频的基础上，在观看相应知识点前面嵌入问题，被试可以根据问题进行思考并进行后续学习。这两组嵌入问题的视频内容相同，但前嵌无反馈组仅在视频中提供问题，前嵌有反馈组不仅提供问题，还在提示问题后一定时间内给予答案反馈。为了确定提供反馈答案的时间，本研究专门针对问题提示后大学生阅读题目的时长测量做了预实验。通过分析参与的 10 名大学生阅读速度发现，大家阅读题目需要时长 4～5 秒，一般都能在 5 秒内阅读完。由此，本研究最终决定在每个题目提示 5 秒后给阅读者提供答案反馈。

本研究所采用的实验材料为《控制体重？从认识卡路里开始》的教学微视频，这是在校大学生普遍关注的热门话题内容，较为适合作为被试实验材料，具体如图 5.1 所示。材料内容结合流行话题，选择了面向广大年轻人的运动健康类内容，话题的关注度较高。实验材料在组织过程中，主要以《公共营养师（基础知识）》及其配套辅导练习为参考，安排三位实验人员负责编制内容，并由某高校生命科学学院一位营养学专业教师认真修改后最终定稿。在专业演播室拍摄成教学视频，并完成视频的后期编制工作。经过专业录制，三组视频长度略有区别，其中无问题嵌入组视频总时长为 4 分 50 秒（1 分 58 秒为去除所有问题无关内容所剩时间），前嵌问题无反馈和前嵌问题有反馈组教学视频总时长相同，为 5 分 30 秒（2 分 38 秒为去除所有与学习问题无关内容所剩时间）。在前嵌问题的两组视频中，问题嵌入的方式也经过细致的考虑，依据文献综述中的研究结论，在前嵌问题无反馈的教学视频中每个问题呈现时长统一设置为 10 秒，在前嵌问题有反馈的教学视频中，每个问题呈现 10 秒，到第 5 秒时呈现答案。

图 5.1　教学视频材料示意图

本实验中采用的问题类型均为选择题，一共有 4 个题目，为 3 个单选题，1 个多选题，例如题目 3：以下说法正确的是，通常情况下，（　　）。

A. 食物中所含能量的卡路里数等于人体能够从中获取的能量

B. 食物中的卡路里含量与人体能够从中获得的量无关

C. 食物所含能量的卡路里数大于人体能够从中获得的量

D. 食物中所含能量的卡路里数小于食物本身所含的能量

在题目 3 播放 5 秒以后，在有反馈的视频中播放反馈答案。

题目 3：以下说法正确的是，通常情况下，（　　）。

A. 食物中所含能量的卡路里数等于人体能够从中获取的能量

B. 食物中的卡路里含量与人体能够从中获得的量无关

C. 食物所含能量的卡路里数大于人体能够从中获得的量

D. 食物中所含能量的卡路里数小于食物本身所含的能量

答案：A

视频中全部问题详见附录一。

实验材料的开发制作共有三个阶段。第一阶段：编制内容。针对审定后的具体内容，先进行教学课件的制作，课件制作结合了录播室呈现方式，遵从多媒体设计原则进行设计和开发，比较适合后期实验需要。第二阶段：教学微视频的拍摄。研究者认真选择主讲人员，挑选采用 Panasonic 的 AJ-PX298 摄像机进行录制，由三位教育技术学专业的研究生协助拍摄完成。第三阶段：视频的后期编辑。专业人员使用 TechSmith 公司的 Camtasia Studio 软件进行编辑处理，并插入问题，按照实验要求制作完成三组不同类型的教学视频，参照视频标准格式压缩三个不同的视频文件。

（三）测量工具

1. 先前知识经验测验

根据视频材料内容，本研究自行编制了先前知识经验水平的测验题目。该测验试题包括 4 个判断题、6 个单选题、1 个多选题和 2 个问答题，一共 13 个题目，具体见附录二。在知识点考察方面，各题目从不同的方面进行测试，其中判断题主要是关于对卡路里知识基础了解情况的考察，选择题和简答题则主要是考察卡路里的基本知识和操作方面的内容，重点检测被试是否认识卡路里的定义和是否能开展简单计算。在分值分配及评判标准方面，判断题和单选题每题答对得 1 分，答错或漏答不得分；多选题和问答题每题答对得 2 分，答错或漏答不得分；该测验总分为 16 分。在测量评价方面，评分由 1 位主试人员负责完成评价，并对评分结果进行了分析，得分越高，表明掌握的卡路里知识越多；得分越低，则说明被试对卡路里相关知识越欠缺。该测验具有较好的区分度（t（88）＝11.424，$p<0.001$）。

2. 学习动机问卷

为了实验需要，本研究采用比较常用的成就动机测量表（The Achievement Motive scale，AMs），由挪威心理学家 Gjesme 和 Nygard 于 1970 年编制，几经修订，渐趋完善。据调查了解，中文版本为上海师范大学教科所叶仁敏和挪威 Hegtvet 于 1988 年在大学生和中学生学习者被试中使用后经过修订而成[①]。该成就动机测量表共由两部分构成，从两个不同的角度分别测定追求成功的动机和避免失败的动机。量表设计采用了 4 点李克特量表计分，从

① 叶仁敏，HAGTVET. 成就动机的测量与分析［J］. 心理发展与教育，1992，8（2）：14-16.

"非常符合"到"非常不符合"，分别为4～1分，量表共由30个题目组成。在评价方面，成就动机得分＝追求成功的动机－避免失败的动机，得分越高表明成就动机越强，相反得分越低则说明成就动机越弱。以往研究发现，该量表具有较高的信度和效度[①]，为追求成功的动机（Cronbach's $\alpha=0.857$）、避免失败的动机（Cronbach's $\alpha=0.885$）、总量表（Cronbach's $\alpha=0.824$）[②]，具体问卷见附录六。综上表明，该测试量表是较为常见的学习动机测试量表，比较适合大学生被试群体学习动机的测试研究，被用作本实验测试被试学习动机水平的测量工具。

3. 学习效果测验

为了检验研究被试观看教学视频后的学习效果，本研究分别从知识的保持和迁移两个水平对学习效果进行考察，进行保持效果和迁移效果的两个测验，这两个测验中涵盖的知识点分别来自视频课程中的学习内容和相关内容。

（1）保持测验：主要考察被试对视频课程中的知识内容的理解和掌握程度。在测验试题的设计过程中，本研究人员围绕教学视频中所有知识点进行认真的选题设计，整个过程严谨，题目科学客观，内容涵盖面广，经过某高校一位营养学专业教师审核后确定保持测验的题目及每个题目的详细参考答案。保持测验的测试题目具体见附录三。在测试试题设计方面，本测试共有7个题目，包括4个填空题、2个单选题和1个多选题。在分值分配及评价标准制定方面，每个题目分值不同，其中填空题每空1分，答对计1分，答错或漏答计0分，总分为8分；单选题每题有4个选项，答对计1分，答错或漏答计0分，总分为2分；多选题有5个选项，答对计2分，答错、漏答或答不全均计0分，总分2分。该测试试题的总分为12分。在被试保持测试评价方面，测验成绩由1位主试根据评分标准严格评定，得分越高说明对学习内容的保持学习效果越好，相反则说明对学习内容掌握较差。测验题目具有较高的区分度（t（88）$=13.21$，$p<0.001$）。综上发现，该测试题目适合被试观看教学视频后进行保持效果的考察，将应用于本研究后续的保持效果测试实验。

（2）迁移测验：主要考察被试对教学视频相关内容学习的掌握情况。在测试设计过程中，研究人员围绕教学视频内容相关方面进行科学设置，对视

---

① 迟昊阳，赵冉，侯志瑾，等. 大学生完美主义与拖延：成就动机的中介作用［J］. 中国临床心理学杂志，2012，20（2）：233-236.

② 黄甜. 当代大学生成就动机的特点研究［J］. 湘潭师范学院学报：社会科学版，2009，31（2）：235-237.

频中的知识点向外进行适当延伸，测试题目同样经高校一名营养学专业教师审核确定具体的题目和参考答案，以便后续研究顺利进行。在测试试题的设计方面，该测验由2个问答题组成。迁移测验的测试题目具体见附录四。在试题分值分配及测试评价方面，请视频课程中的教师根据教学视频的相关内容制订每个题目的评分细则和评分标准，第一个迁移题满分为3分，第二个迁移题满分为7分，总共10分。在被试迁移测试评价方面，测验成绩由2位主试根据评分标准严格评定，取2位主试的平均值为最终的测验成绩。经过测试分析比较发现，两位评分者的一致性较高（Cronbach's $\alpha=0.96$，0.98）。同时该测验具有较高的区分度（$t(88)=12.98$，$p<0.001$）。上述分析发现，该测试题目适合被试观看教学视频后进行迁移效果的考察，将应用于本研究后续的迁移效果测试实验。

4. 注意力分配

为了考察被试的学习动机水平对观看教学视频后注意力分配影响的交互作用，根据实验研究安排，本研究借助现代化的眼动追踪技术，从兴趣区和视觉注意总时长两个方面分别考察视频中嵌入问题与反馈对学习者注意力分配的影响。首先，将与嵌入问题直接相关的教学视频内容作为兴趣区，以学习者观看视频时凝视兴趣区的时间所占比例（IA_DWELL_TIME_%）以及被试首次注视兴趣区的时间为依据，考察视频中嵌入问题与反馈对学习者注意力与问题直接相关的教学视频内容的影响程度。其次，本研究再以学习者对整段视频播放过程中观看情况的完整记录结果为依据，统计出被试注视教学视频画面的总时间，并以此考察视频中嵌入问题与反馈对学习者注意视频画面的影响程度。

（四）实验设计与程序

为了深入考察学习者边界条件与实验条件对其学习效果和注意力影响的交互作用，需要对研究进行系统思考与设计。本研究是在第一阶段研究的基础上，以学习动机水平作为另一个边界条件，考察教学视频中前嵌问题与反馈对学习者学习的影响，是基础实验研究的又一深化研究。本实验采用3×2的被试间设计。具体而言，视频类型包括三个水平：无嵌入问题、前嵌问题无反馈和前嵌问题有反馈，是本实验的实验条件。被试的学习动机则包括两个水平：低学习动机水平和高学习动机水平，是本实验的被试类型。实验过程由于是采用3×2设计模式，每个被试只须观看一种教学视频，不存在重复交叉现象，该设计模式基本可以排除无关变量对实验结果造成影响。

在实验具体实施过程中，该实验在武汉某高校的眼动实验室进行单独施测，每位被试首先填写基本信息，进行先前知识经验水平测验，完成学习动机问卷。然后，研究人员将被试随机分配观看其中任意一种视频，即无嵌入问题的视频、前嵌问题无反馈的视频、前嵌问题且有反馈的视频。最后，在研究人员组织下，观看教学视频结束后，让被试进行学习效果测验（保持测验和迁移测验），测试完成，研究人员当场回收测试答卷。整个实验过程中，主试组织有序，被试积极配合安排，整个实验时长约为 30 分钟。具体如图 5.2 所示。

图 5.2　被试参与眼动实验图

（五）数据处理

依据上述实验设计，本实验的数据由两部分组成，分别是行为实验的数据和眼动追踪的数据，两项数据的来源不同，这两种数据处理方式也不太相同。在实验测试数据的处理过程中，本测试的数据处理共分为三个步骤，首先是对行为实验数据的处理，由主试根据参考答案和评分标准对被试的先前知识经验、保持效果和迁移效果分别进行测评，对眼动实验数据的处理则由主试采用 EyeLink 1000 自带数据分析软件 Data Viewer 从眼动追踪仪器上提取眼动实时数据；接着，由研究人员采用 Excel 软件对收集的实验数据和提取的眼动数据分别进行初步分析；最后，由研究人员采用专业统计分析软件 SPSS 22.0 对数据进行后期的描述性统计分析、方差分析和事后检验等。经过上述步骤的处理，完成本实验测试的数据收集、统计和分析任务。

第二节　教学视频前嵌问题对学习影响中学习动机调节作用结果分析

依据本研究的实验程序安排，在完成所有实验任务和数据统计分析后，实验中被试的学习动机水平与实验条件对学习效果和注意力影响的交互效应究竟如何，能否达到实验假设预期的目的？接下来就从被试的先前知识经验水平、学习效果和注意力分配情况三个方面进行深入分析。

一、先前知识经验水平

为了排除被试先前知识经验水平对其他结果变量的影响，本实验以实验条件（无嵌入问题、前嵌问题无反馈和前嵌问题有反馈）和被试类型（低学习动机组和高学习动机组）为自变量，先前知识经验测验得分为因变量，进行两因素方差分析。经过分析发现，实验条件和被试类型主效应均不显著（F（2，90）$=0.72$，$MSE=2.53$，$p>0.05$，*Partial Eta Squared* $=0.02$；F（1，90）$=0.04$，$MSE=2.53$，$p>0.05$，*Partial Eta Squared* <0.001），交互效应不显著（F（2，90）$=1.20$，$MSE=2.53$，$p>0.05$，*Partial Eta Squared* $=0.03$）。这一结果表明，各组被试的先前知识经验处在相同水平，可以排除在本研究后续实验中被试先前知识经验水平对其他结果变量的影响。

二、学习效果

本研究中学习效果的考察上，主要从被试的保持效果和迁移效果两个方面进行。通过组织被试参加保持和迁移测验，被试的学习效果的描述性统计结果具体见表 5.1。

表 5.1 被试学习效果（保持和迁移）的平均值（标准差）

被试类型	实验条件	n	保持		迁移	
			M	SD	M	SD
低学习动机水平者	无嵌入问题	16	7.75	2.49	5.66	2.57
	前嵌问题	18	7.38	2.58	4.28	1.45
	前嵌问题+反馈	16	7.00	1.93	5.56	2.86
高学习动机水平者	无嵌入问题	13	6.50	1.92	3.99	1.75
	前嵌问题	16	7.77	1.79	5.96	2.08
	前嵌问题+反馈	17	6.94	2.51	4.65	2.46

（一）保持成绩

为了考察实验条件和被试类型对其保持成绩是否存在交互作用，以实验条件和被试类型为自变量，以保持成绩为因变量，进行两因素方差分析。通过分析发现，实验条件主效应不显著（F（2，90）$=0.59$，$MSE=5.00$，$p>$

0.05，*Partial Eta Squared*＝0.01），被试类型主效应不显著（F（1，90）＝0.44，*MSE*＝5.00，p＞0.05，*Partial Eta Squared*＝0.01），实验条件与被试类型交互效应不显著（F（2，90）＝1.15，*MSE*＝5.00，p＞0.05，*Partial Eta Squared*＝0.03）。实验条件与被试类型对保持成绩的交互效应分析如图5.3所示。

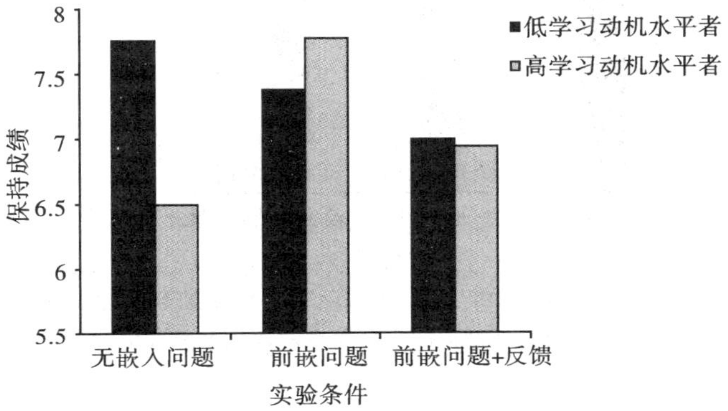

图5.3　实验条件与被试类型对保持成绩的交互效应分析

上述结果表明，教学视频类型与被试的学习动机水平对其保持成绩均无显著影响，不支持本研究假设1。由此可以推测，教学视频类型与被试的动机水平对其保持成绩提升未呈现出明显的促进作用，这需要思考被试动机水平差异情况是否是产生上述结果的原因，进而考察对其学习效果的影响。

（二）迁移成绩

为了考察实验条件和被试类型对迁移成绩是否存在交互作用，本研究以实验条件和被试类型为自变量，以迁移成绩为因变量，进行两因素方差分析。分析结果发现，实验条件主效应不显著（F（2，90）＝0.19，*MSE*＝5.03，p＞0.05，*Partial Eta Squared*＜0.01），被试类型主效应不显著（F（1，90）＝0.43，*MSE*＝5.03，p＞0.05，*Partial Eta Squared*＝0.01），实验条件与被试类型交互效应显著（F（2，90）＝4.66，*MSE*＝5.03，p＜0.05，*Partial Eta Squared*＝0.09）。对实验条件与被试类型交互效应进一步分析发现，当观看无嵌入问题教学视频时，高学习动机水平组的迁移成绩显著低于低学习动机水平组；而当观看前嵌问题且无反馈的教学视频时，高学习动机水平组的迁移成绩显著高于低学习动机水平组；当观看前嵌问题且有反馈的教学视频时，两组被试的迁移成绩则没有差异。实验条件与被试类型对迁移成绩的交互效应分析如图5.4所示。

上述结果表明，实验条件和被试类型对迁移成绩存在交互作用，部分支持本研究假设1。

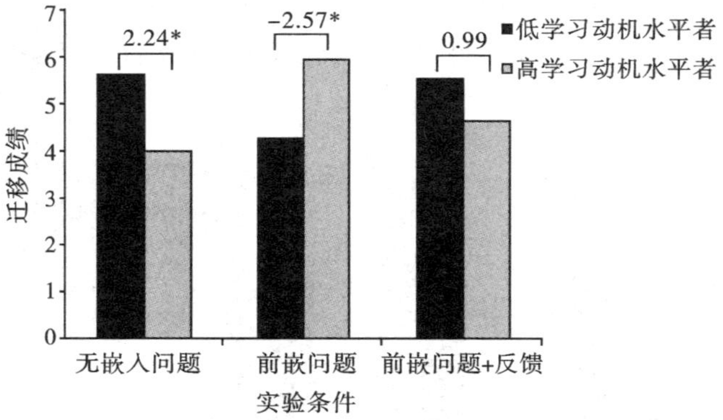

注：* $p<0.05$，** $p<0.01$，*** $p<0.001$；图中的数值为 t 值，下同。

图 5.4　实验条件与被试类型对迁移成绩的交互效应分析

三、注意力分配

为了探究被试的学习动机水平与视频中嵌入问题与反馈对学习者的注意力分配的交互影响，本研究分别考察被试在与嵌入问题相关内容的注意力（凝视兴趣区的时间所占比例（IA _ DWELL _ TIME _ %）和兴趣区内首次注视到达时间），以及对完整视频的注意力（总注视时间）。经过专业软件处理，本研究中注意力分配所有各眼动指标的描述性统计结果见表5.2，不同学习动机水平组观看视频时的热区分布情况见图5.5和图5.6。

表 5.2　被试观看视频时注意力分配所有眼动指标的平均值（标准差）

被试类型	实验条件	兴趣区内的眼动指标		总注视时间（min）
		IA _ DWELL _ TIME _ %	兴趣区内首次注视到达时间（s）	
低学习动机水平者	无嵌入问题	0.46（0.05）	0.88（0.33）	1.62（0.18）
	前嵌问题	0.46（0.05）	0.59（0.36）	1.74（0.15）
	前嵌问题＋反馈	0.49（0.13）	0.70（0.19）	1.58（0.18）
高学习动机水平者	无嵌入问题	0.40（0.06）	1.41（0.75）	1.64（0.14）
	前嵌问题	0.46（0.05）	0.55（0.31）	1.67（0.18）
	前嵌问题＋反馈	0.49（0.09）	0.61（0.50）	1.66（0.14）

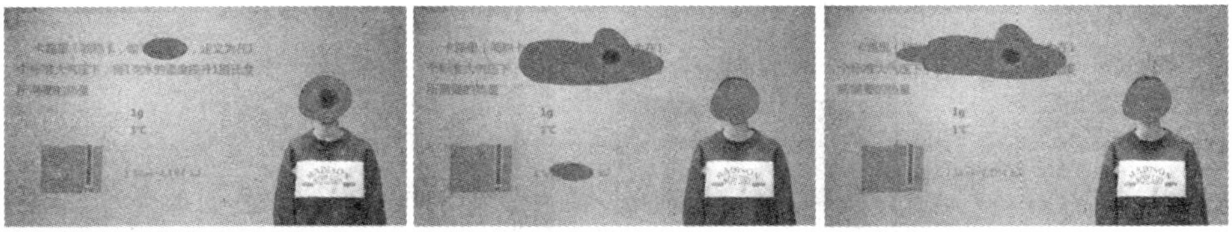

无嵌入问题　　　　前嵌无反馈　　　　前嵌有反馈

图 5.5　低学习动机水平组观看视频的热区图

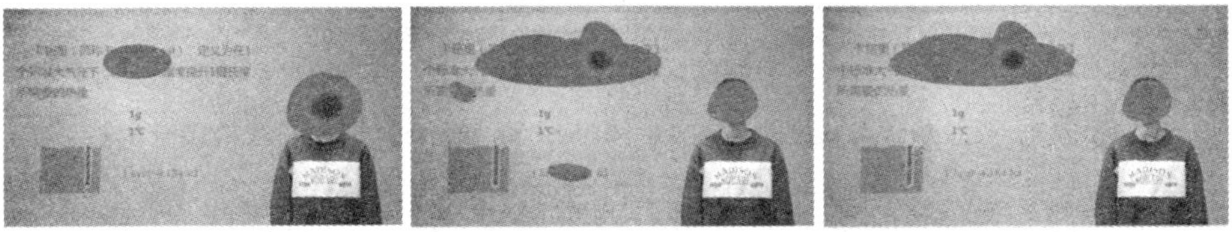

无嵌入问题　　　　前嵌无反馈　　　　前嵌有反馈

图 5.6　高学习动机水平组观看视频的热区图

（一）兴趣区

为了考察被试的学习动机水平与视频类型对被试与问题相关内容的注意力的影响是否存在交互作用，本实验首先以实验条件和被试类型为自变量，以被试凝视兴趣区的时间所占比例（IA _ DWELL _ TIME _ %）为因变量，进行两因素方差分析。经过分析结果发现，实验条件主效应显著（$F(2, 90)=4.32$，$MSE=0.01$，$p<0.05$，*Partial Eta Squared*$=0.09$），被试类型主效应不显著（$F(1, 90)=1.44$，$MSE=0.01$，$p>0.05$，*Partial Eta Squared*$=0.02$），实验条件与被试类型交互效应不显著（$F(2, 90)=1.77$，$MSE=0.01$，$p>0.05$，*Partial Eta Squared*$=0.04$）。对实验条件主效应进行 *LSD* 事后检验发现，被试在观看前嵌问题且有反馈教学视频中，对与问题相关内容的注视时间所占百分比显著高于观看无嵌入问题的教学视频的被试（$MD=0.06$，$p<0.05$），其他组之间没有显著差异（p's >0.05）。实验条件与被试类型对 IA _ DWELL _ TIME _ %的交互效应分析如图 5.7 所示。

其次，研究再以实验条件和被试类型为自变量，以兴趣区内被试首次注视到达时间为因变量，进行两因素方差分析。经过分析结果发现，实验条件主效应显著（$F(2, 90)=15.09$，$MSE=0.21$，$p<0.001$，*Partial Eta Squared*$=0.25$），被试类型主效应不显著（$F(1, 90)=2.02$，$MSE=0.21$，$p>0.05$，*Partial Eta Squared*$=0.02$），实验条件与被试类型交互效应显著（$F(2, 90)=4.81$，$MSE=0.21$，$p=0.01$，*Partial Eta Squared*$=0.10$）。

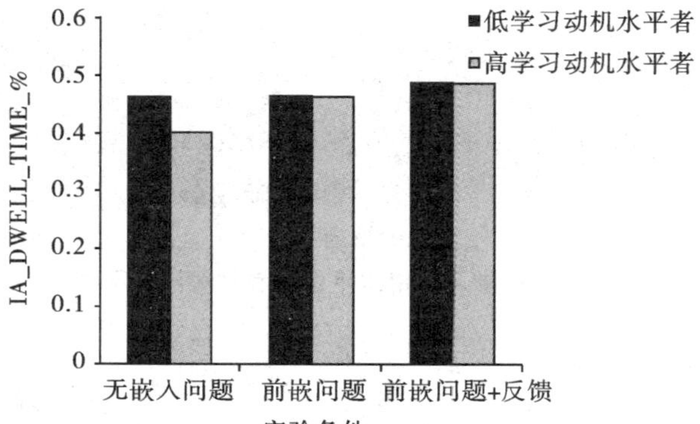

图 5.7 实验条件与被试类型对 IA _ DWELL _ TIME _ %的交互效应分析

对实验条件与被试类型交互效应进一步分析发现，当观看无嵌入问题教学视频时，高学习动机水平组首次注视与问题相关内容的时间显著长于低学习动机水平组；而当观看前嵌问题且无反馈的教学视频和前嵌问题且有反馈的教学视频时，首次注视与问题相关内容的时间与低学习动机水平组没有显著差异。实验条件与被试类型对首次注视到达时间的交互效应分析如图 5.8 所示。

上述结果表明，实验条件和被试类型对其与问题相关内容的注意力存在交互作用，部分支持本研究假设 2。这同时也说明，高学习动机水平学习者在观看前嵌问题的教学视频时，其对教学视频相关内容的注意力程度有较为显著的促进作用，可以提升高学习动机水平被试的视觉搜索效率。

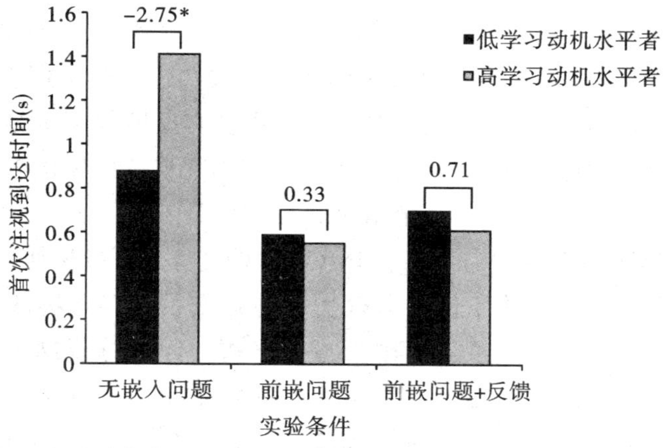

图 5.8 实验条件与被试类型对首次注视到达时间的交互效应分析

（二）总注视时间

为了考察教学视频类型与被试动机水平对被试注视所有学习内容的交互作用，本实验首先以实验条件和被试类型为自变量，以总注视时间为因变量，进行两因素方差分析。经过分析结果发现，实验条件主效应不显著（$F(2, 90)=0.52$，$MSE=0.03$，$p>0.08$，$Partial\ Eta\ Squared=0.01$），被试类型主效应边缘显著（$F(1, 90)=0.10$，$MSE=3.54$，$p=0.06$，$Partial\ Eta\ Squared=0.04$），实验条件与被试类型交互效应不显著（$F(2, 90)=0.10$，$MSE=0.03$，$p>0.05$，$Partial\ Eta\ Squared<0.01$）。对被试类型主效应进行分析发现，高学习动机水平组对视频的总注视时间长于低学习动机水平组（$t=-1.89$，$p=0.06$），说明高学习动机水平对视频学习的视觉注意有一定的促进作用。实验条件与被试类型对总注视时间的交互效应分析如图 5.9 所示。

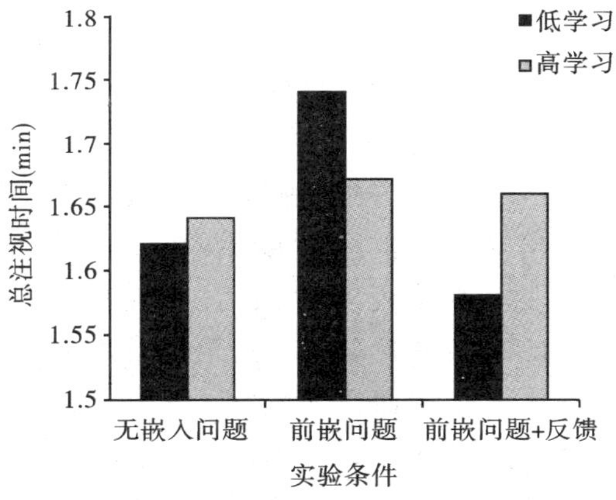

图 5.9 实验条件与被试类型对总注视时间的交互效应分析

以上结果表明，教学视频类型与被试动机水平对被试注视所有学习内容不存在交互作用，即动机水平对被试观看教学视频时注视所有学习内容没有明显的正向影响，不支持本研究提出的假设 3。

四、结果分析与讨论

为了进一步检验第三章基础实验研究的实验结果，本研究从学习动机水平这一边界条件的角度出发，主要考察学习者的动机水平与教学视频前嵌问题设计之间可能存在的交互作用。研究结果显示，当被试观看无嵌入问题教学视频时，高学习动机水平组的迁移成绩显著低于低学习动机水平组；而当观看前嵌问题且无反馈的教学视频时，高学习动机水平组的迁移成绩则显著高于低学习动机水平组；当观看前嵌问题且有反馈的教学视频时，两组被试的迁移成绩并没有显著差异。此外，在考察被试注意力分配机制时发现，当观看无嵌入问题教学视频时，高学习动机水平组首次注视与问题相关内容的时间显著长于低学习动机水平组；而当观看前嵌问题且无反馈的教学视频和前嵌问题且有反馈的教学视频时，首次注视与问题相关内容的时间与低学习动机水平组没有显著差异。进一步分析发现，视频中前嵌问题更明显地提高了高学习动机水平的学习者的学习效果和视觉搜索效率。这些结果表明，在教学视频学习中，高学习动机组水平的学习者更需要脚手架，以提高学习效果和对信息的搜索效率，而在教学视频中嵌入问题恰好为高学习动机水平被试提供了脚手架，激发其学习兴趣。综上所述，本研究可以得出如下结论：前嵌问题但不提供反馈的教学视频提高了高学习动机水平学习者的学习效果和信息搜索效率。这一结论对教学视频设计的启示是，我们可以通过在学习相关内容之前，嵌入一些有意义的问题，但不提供问题反馈，以优化高学习动机水平学习者的学习效果和视觉注意。当然，教学视频中前嵌问题但不提供反馈的策略在课堂教学或线上教学中对高学习动机水平的学习者是否有效还有待进一步检验。

为了探索学习动机水平对注意力分配影响的深层次机理，本研究对比高低学习动机水平的学习者在学习过程的注意力分配可以发现，高学习动机水平的学习者在整个视频学习过程中表现出更高的注意程度，说明他们对教学视频中的内容有更高的兴趣和投入程度，这一结果与以往研究结果是一致的（高洁，2016；牟智佳，2017）①②。有研究者指出，学习动机是影响学习者对教学视频投入程度的重要影响因素之一，其动机水平越高，对教学视频的投入程度也越高（张纲要，李紫衣，2018）③。通过分析学习效果不难发现，学习者的动机水平与学习效果之间并没有完全呈现正相关，仅在迁移成绩测试中有较为显著的促进作用，即并不是学习者的动机水平越高，其学习效果越好，这与以往研究结果也较为一致（Ahmad，Rana，2012）④。

---

① 高洁. 外部动机与在线学习投入的关系：自我决定理论的视角 [J]. 电化教育研究，2016 (10)：64-69.

② 牟智佳. MOOCs 学习参与度影响因素的结构关系与效应研究——自我决定理论的视角 [J]. 电化教育研究，2017 (10)：37-43.

③ 张纲要，李紫衣. 基于质性分析的 MOOC 高退学率归因研究 [J]. 电化教育研究，2018 (1)：29-35.

④ AHMAD, RANA. Affectivity, Achievement Motivation, and Academic Performance in College Students [J]. Pakistan Journal of Psychological Research, 2012, 27 (1)：107-120.

随着研究的不断深入，本研究最有趣的发现是，在教学视频中前嵌问题但不提供反馈时，只提高了高动机水平的学习者的学习效果和注意搜索效率。这一结果说明，教学视频中前嵌问题的设计策略对高动机水平的学习者更加有效。出现这一结果的可能原因是，由于低动机水平的学习者本身对教学视频的兴趣和投入程度较低，因此，即使教师在教学视频中设计了前嵌问题，也未能激发他们的认知冲突和提高他们对学习内容的注意（张纲要，李紫衣，2018）[①]，那么对于低学习动机水平学习者提升学习效果的方法需要另辟蹊径。因此，未来研究可以尝试从社会方面的教学设计提高教学视频的社会互动性，以试图考察教学视频中其他方面的设计是否可以有效提高低动机水平的学习者的学习效果和吸引他们的注意力。

综合学习效果和眼动数据的结果发现，学习者的学习动机并没有全面影响他们的所有学习效果（仅提升了迁移成绩），但是影响了他们对学习的投入程度。这对今后的教学视频设计可以带来如下启示：在教学视频中嵌入一些问题情境，但不提供问题反馈，以提升高动机水平学习者对学习内容的注意程度和迁移测试的学习效果。

另外，我们在第三章、第四章、第五章中采用行为实验方法和眼动追踪技术分别开展了基础实验研究和边界条件交互效应的探索，需要指出的是，第一阶段和第二阶段的三个研究均属于实验研究，研究结论都是基于学习者观看一段教学视频后的学习效果，以及他们在学习过程中的注意力分配情况，这些研究结论是否可以推广至实际的教学视频学习中仍需要进一步在教学实践中研究证实，我们将考虑选择某高校的课堂教学开展教学实践研究。

综合前三个研究的结果分析发现，前嵌问题但不提供反馈的教学视频中提高了学习者的学习效果，并且提高了对学习过程的注意时长和视觉搜索效率。在考察先前知识经验水平和学习动机水平与教学视频类型对学习效果交互效应时，发现教学视频中前嵌问题存在经验反转效应和学习动机水平对学习效果起到调节作用。但是上述研究中还发现，前嵌问题且提供反馈的教学视频对学习者学习的影响并不显著，无论是在学习效果中还是在对学习内容的注意力分配方面都与无嵌问题的教学视频没有明显差异。因此，为了检验本研究的前三个研究结论，后续在武汉某高校实时课堂上开

---

① 张纲要，李紫衣. 基于质性分析的 MOOC 高退学率归因研究［J］. 电化教育研究，2018（1）：29-35.

展教学实践研究时，考虑只把教学视频无嵌入问题和前嵌问题不提供反馈这两个不同类型的视频作为实验条件，再继续把在校大学生的先前知识经验水平和学习动机水平作为影响学习的两个边界条件，进行相关教学实践的实证研究，以期从实验研究和教学实践两个不同的方面入手探究并验证教学视频中前嵌问题对学习的影响程度，不断拓展研究的范围，提高研究结论的可推广性。

第六章　教学视频中前嵌问题对学习影响的教学实践研究

本章在前文实验研究的基础上，通过组织某高校在校大学生，在课堂教学中按照正常教学计划学习部分课堂教学内容（无嵌入问题或前嵌问题的视频课程），以进一步验证前述实验研究的研究结论。在本研究中，首先采用行为研究方法和问卷调查方法，通过安排大学生参加先前知识经验水平和成就动机水平测试，把学生分为高低特质的不同被试小组，再组织被试在观看学习视频课程前嵌问题后进行短时学习效果的测试。通过深入研究进而探索是否存在知识反转效应，并考察学习动机对学习效果的调节作用。

第一节　教学视频中前嵌问题对学习影响的教学实践研究设计

为了方便研究的需要，通过教学实践考察学习者的先前知识经验和学习动机两种个体特质水平对教学视频学习的影响程度，认真做好研究前的各项准备工作，我们先从研究目的、研究假设、研究方法出发开展本研究的系统设计工作。

一、研究目的

本实验旨在通过真实的视频课程教学，探究教学视频中前嵌问题对学习者学习效果的影响，以及学习者对学习内容的注意力分配，进一步检验实验研究阶段的相关结论。

二、研究假设

假设 1：学习者先前知识经验水平与教学实验条件在其学习效果上存在交互作用。具体而言，在教学视频中前嵌问题，相比于高先前知识经验水平者，对低先前知识经验水平者的学习效果更具有促进作用。

假设 2：学习者学习动机水平与教学实验条件在其学习效果上存在交互作用。具体而言，在教学视频中前嵌问题，相比于低学习动机水平者，对高学习动机水平者的学习效果更具有促进作用。

三、研究方法

（一）被试

本研究采用方便取样法，对武汉市某高校的大学二年级教学系统设计课程的两个平行班进行追踪实验，被试均为教育技术学专业学生，包括男生 14 名，女生 41 名，共 55 名被试。被试的年龄范围为 19 岁到 22 岁（$M=19.79$，$SD=0.651$）。被试均为自愿参加实验，知情同意。

（二）视频材料

为了更加贴近教学实际，本研究按照某高校正常教学计划在被试的教学内容中共选择了三段教学视频，主题分别为教学系统设计课程中的“学习量规评价”“学习档案评价”“学习契约评价”，依据本书前面的研究结论，每个主题包含两种视频类型：无嵌入问题、前嵌问题（无反馈）。其中，“无嵌入问题”视频为任课教师自行录制的该主题的教学微视频，“前嵌问题”视频是将教学视频进行编辑处理，在知识点讲解前嵌入问题，每个知识点的问题持续时间大致相同（12 秒至 15 秒），其余视频内容不做任何改动。视频具体信息如表 6.1 所示。

表 6.1　视频信息表

主题	视频类型	视频时长	知识点	问题编号	问题出现时间	问题持续时间（秒）
学习量规评价	无嵌入问题	08:29	量规评价	无	无	无
	前嵌问题	10:14	定义	1	01:10	14
			评价方式	2、3	02:37	13
			量规三要素	4	03:38	14
			评价指标	5	04:05	14
			评价标准	6	04:38	13
			设计步骤	7	06:33	12
			评价过程	8	09:01	13

续表

主题	视频类型	视频时长	知识点	问题编号	问题出现时间	问题持续时间（秒）
学习档案评价	无嵌入问题	04:59	档案评价	无	无	无
	前嵌问题	06:28	含义	1	00:12	14
			特点	2、3、4	01:00	14
			基本环节	5	02:19	13
			目标注意	6	03:24	14
			标准与内容	7、8	04:27	14
			评价方式	9	05:34	14
学习契约评价	无嵌入问题	06:53	契约评价	无	无	无
	前嵌问题	07:53	定义	1、2、3	00:07	13
			优点	4	01:37	13
			局限	5	03:51	15
			确保成功	6	06:03	13

在教学内容的安排上，对三个“学习量规评价”“学习档案评价”“学习契约评价”知识点分别进行内容设计。

1. 学习量规评价

在教学视频内容的组织过程中，对于无嵌入问题的视频，先后讲授了量规的定义、评价方式、三要素、评价指标、评价标准、评价步骤、评价过程。比如，量规的英文单词是“rubric”，最初来源于基督教徒在《圣经》上做的红色标记，后来被教育测量与评价专家借鉴到对学生写作的评价中来。安德瑞德最先将量规定义“为一项工作列出的评分工具”，她对量规的含义进行了重新解释，认为“量规是一个评分工具，它为一个作品或其他成果表现列出标准，并且从优到差明确描述每个标准的水平”。

随后，再对量规的三要素进行介绍。(1) 评价指标，每个被认为重要的评价方面都可能成为一个评价指标，也就是决定着任务、行为或作品等质量的各个指标。(2) 评价标准，对于每一条评价指标，学生绩效的质量到底有何表现，量规中都要有具体的描述，这些具体的描述即评价标准，这些描述往往组成从好到差或从差到好的一个序列。(3) 水平等级，对学生获得不同绩效水平的描述，可以用数字等级进行表示①。学习量规评价过程如图 6.1 所示。

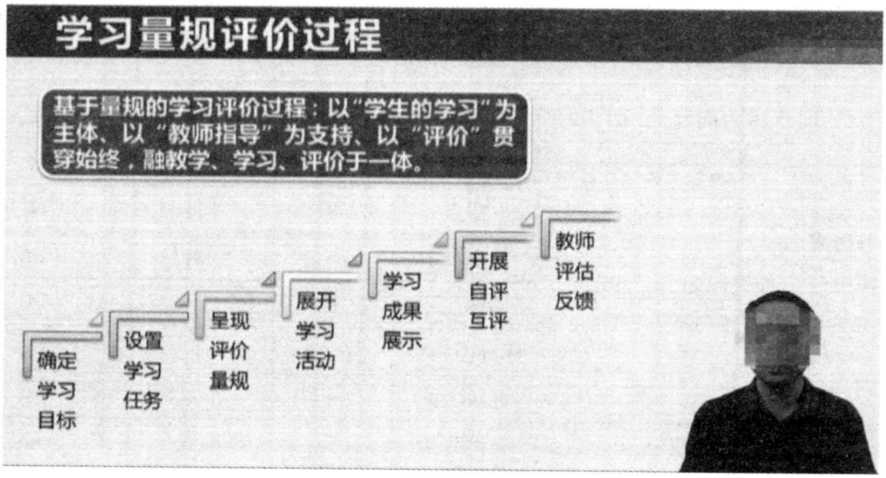

图 6.1 学习量规评价过程图

2. 学习档案评价

在学习档案评价的视频内容准备过程中，先后介绍了学习档案的含义、特点、基本环节、目标注意、标准与评价等内容。比如，尽管学习档案的英文名称一般统称为"portfolio"，但其含义却多种多样，专家学者们对学习档案的概念及内涵有各种不同的理解。学习档案一般是依照学科建立起来的，包括确定学习档案评价的目标，确立学习档案评价的标准与内容，学习档案的保存、分析与解释三个基本环节②，如图 6.2 所示。

3. 学习契约评价

在视频内容的具体设计中，介绍了学习契约的定义、优点、局限等。比如：所谓学习契约是一种由学习者与指导教师共同规划、设计的学习活动书面协议，用来确定学习者的学习目标，规划学习资源和策略，确定达到目标的方法以及学习活动的日程安排，明确完成活动的证据及确认这些证据的标准等③，具体如图 6.3 所示。

---

① 杨九民，梁林梅. 教学系统设计理论与实践［M］. 北京：北京大学出版社，2008：191.

② 杨九民，梁林梅. 教学系统设计理论与实践［M］. 北京：北京大学出版社，2008：196-197.

③ 杨九民，梁林梅. 教学系统设计理论与实践［M］. 北京：北京大学出版社，2008：200.

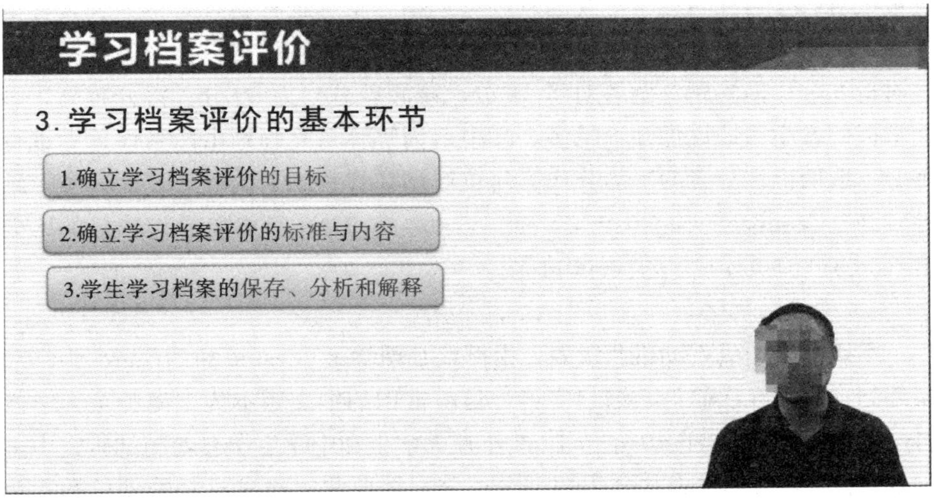

图 6.2　学习档案评价图

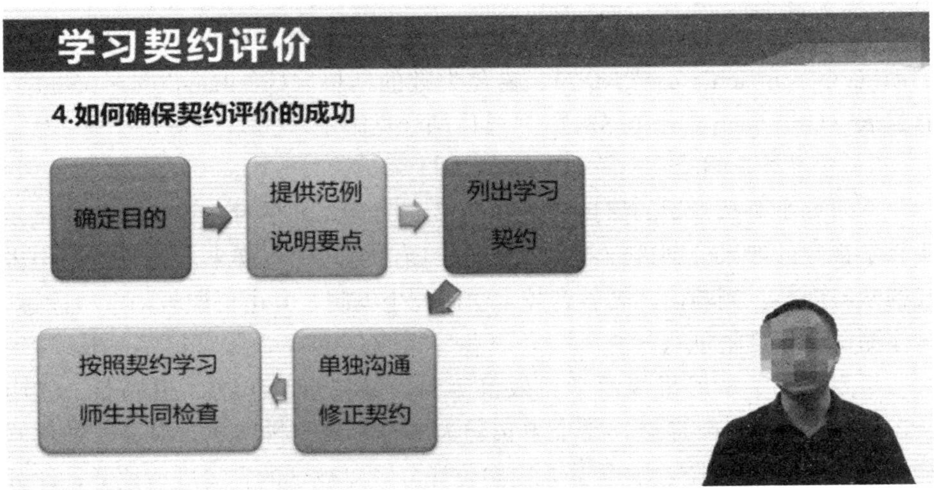

图 6.3　学习契约评价图

（三）测量工具

1. 先前知识经验测验

本研究参照课程教材以及历年试题，编制了先前知识水平测验题，具体见附录七。该测验包括 4 个单选题、3 个多选题、2 个名词解释和 2 个简答题。其中，单选题是考查被试对教学设计的理解，多项选择题是关于教学系统设计的理论与目标编写，名词解释考查被试对相关概念的理解，简答题考查被试对教学目标与教学模式的掌握与运用。单选题每题答对得 3 分，答错或漏答不得分；多选题每题答对得 4 分，答错或漏答不得分；名词解释每题答对得 6 分；简答题每题答对得 12 分。该测验总分为 60 分。得分越高，表明掌握的教学系统设计知识越多。其中名词解释与简答题由两名评分者进行评分，取两位评分者的平均分作为每位被试在材料题上的得分，评分者一致性较高（Cronbach's α=0.95，0.92，0.99，0.97）。该测验具有较好的区分度（t（53）=9.726，p<0.001）。

2. 学习动机问卷

本研究采用成就动机测量表，由挪威心理学家 Gjesme 和 Nygard 于 1970 年编制，经过几次修订，渐趋完善。目前常用的中文版本为上海师范大学教科所叶仁敏和挪威 Hegtvet 于 1988 年在大学生和中学生学习者测试研究中进行合作修订①。此量表共分为两部分，分别需要测定追求成功的动机和避免失败的动机。量表采用 4 点李克特量表计分，从“非常符合”到“非常不符合”，分别为 4～1 分。成就动机得分＝追求成功的动机－避免失败的动机，得分越高成就表明动机越强。该量表具有较高的信度和效度②，为追求成功的动机（Cronbach's α=0.857）、避免失败的动机（Cronbach's α=0.885）、总量表（Cronbach's α=0.824）③，具体问卷见附录六。

3. 学习效果测验

本研究主要从知识的保持成绩和迁移成绩两个水平对在校大学生被试三次教学视频的效果分别进行考察，测验中涵盖的知识点都来自视频课程中讲授的学习内容。测验由三名教育技术学研究生编制，并由任课教师审核通过，具体测试题目见附录八。

研究中关于学习量规的学习效果测验：保持测验包括 4 道题目，其中 3 个单选题和 1 个排序题，每个单选题为 3 分，每个排序题为 6 分。迁移测验为 1 个简答题，满分为 18 分，由两位评分者对被试的答案进行评分，评分细则见附件八，取两位评分者的平均分作为每位被试在迁移题上的得分，评分者一致性较高（Cronbach's α=0.97）。

---

① 叶仁敏，HAGTVET. 成就动机的测量与分析［J］. 心理发展与教育，1992，8（2）：14-16.

② 迟昊阳，赵冉，侯志瑾，等. 大学生完美主义与拖延：成就动机的中介作用［J］. 中国临床心理学杂志，2012，20（2）：233-236.

③ 黄甜. 当代大学生成就动机的特点研究［J］. 湘潭师范学院学报：社会科学版，2009，31（2）：235-237.

研究中关于学习档案的学习效果测验：保持测验包括3个题目，其中1个多选题（5分）和2个填空题（每题1分），满分为7分。迁移测验包括2个题目，其中1个单选题（3分）和1个判断题（2分），满分为5分。由一位评分者对被试的答案进行评分，参考答案见附件八。

研究中关于学习契约的学习效果测验：保持测验包括2个题目，其中1个排序题（5分）和1个判断题（2分），满分为7分。迁移测验包括3个题目，其中1个多选题（5分）、1个判断题（2分）和1个材料分析题（15分），满分为22分。其中材料题由两名评分者进行评分，评分细则见附录八，取两位评分者的平均分作为每位被试在材料题上的得分，评分者一致性较高（Cronbach's $\alpha=0.95$），该部分其他题目由一个评分者参照参考答案进行评价打分。

（四）实验设计与程序

本测验采用2×2×2的被试间设计，分别有两个不同的实验条件，被试的先前知识经验和学习动机水平。其中，实验条件包括2个水平：无嵌入问题、前嵌问题无反馈。被试的先前知识经验包括两个水平：高知识经验和低知识经验。学习动机包括两个水平：低学习动机和高学习动机。因此，每个被试只观看一种教学视频，无重复交叉现象。考虑到可操作性，教学视频观看安排为：1班学生观看“无嵌入问题”视频，2班学生观看“前嵌问题”视频。

在具体的教学实践过程中，每个班级的教学流程相同。在课前研究者通过“问卷星”向被试发放个人信息问卷与学习动机量表，并及时回收。后续实验均在某高校教学系统设计课程的两个平行班的同步课堂进行，均由任课教师配合完成。在教学过程中，首先由研究者发放先前知识经验水平测试问卷，待所有学习者完成问卷后，立即回收问卷，时间控制在20分钟以内。然后由教师开展教学，告知学习者本节课的学习内容和学习安排，借助教室多媒体系统电脑播放指定的教学视频。观看教学视频后，研究者让被试完成学习效果测验（保持和迁移测验），时间控制在15分钟左右，问卷在课堂中立即回收。教学追踪实验先后共进行三次，教学内容为上述三个不同的主题，两个平行班课堂选择的视频类型前后一致，其余流程均相同。

（五）数据处理

依据上述实验的程序设计和过程实施，本实验的数据主要是几种不同种类的行为实验数据。综合考虑，本测试的数据处理分为三个步骤，首先行为实验的数据由主试根据参考答案和评分标准对被试的先前知识经验水平、保持效果、迁移效果和长时效果分别进行测评；接着依据不同被试分组情况，采用 Excel 软件对收集的实验数据进行初步分析；最后，由研究人员采用专业统计分析软件 SPSS 22.0，对数据进行后期的描述性统计分析、方差分析和事后检验等。

第二节　教学视频中前嵌问题对学习影响的教学实践研究结果分析

按照本研究的实验设计和操作流程，采用两种不同类型的教学视频，对不同被试的学习效果影响进行教学实践研究，分析检验学习者的学习测验结果和学习者边界条件与实验类型的交互效应。

一、学习者的先前知识经验与实验条件的交互作用

根据被试在先前知识经验测验上得分的高低，将被试分为高知识经验水平组（n=28）和低知识经验水平组（n=27）。两组被试在观看不同类型的教学视频后，对其保持和迁移的学习效果测量结果进行分析，其描述性统计结果见表 6.2。

表 6.2　按学习者的先前知识经验水平进行分组的描述性统计结果

被试类型	实验条件	n	保持		迁移	
			M	SD	M	SD
低知识经验水平者	无嵌入问题	14	15.57	5.57	23.14	7.95
	前嵌问题	13	21.85	6.32	29.35	9.02
高知识经验水平者	无嵌入问题	16	25.00	4.20	31.34	3.02
	前嵌问题	12	21.00	6.92	29.88	4.99

（一）学习者的先前知识经验水平与实验条件对其保持成绩的交互作用

为了考察学习者的先前知识经验水平与实验条件对其保持成绩的交互影响，以被试的三次保持成绩之和作为因变量，进行两因素方差分析。经过分析结果发现，被试类型主效应显著（F（1，51）=7.63，MSE=32.81，p<0.01，*Partial Eta Squared*=0.13），实验条件主效应不显著（F（1，51）=0.54，MSE=32.81，p>0.05，*Partial Eta Squared*=0.01），被试类型与实验条件交互效应显著（F（1，51）=10.94，MSE=32.81，p<0.01，*Partial Eta Squared*=0.18）。对被试类型与实验条件的交互效应进一步分析发现，

当观看无嵌入问题教学视频时，高知识经验水平组的保持成绩显著高于低知识经验水平组的保持成绩；而当观看前嵌问题的教学视频时，高知识经验水平组的保持成绩与低知识经验水平组则没有明显差异。被试先前知识经验水平与实验条件对保持成绩的交互效应分析如图 6.4 所示。

上述结果表明，在教学视频中前嵌问题，相比于高知识经验水平者，对低知识经验水平者的保持成绩更具有促进作用，支持本研究假设 1。该结果还可以推测，教学视频中前嵌问题对高知识经验水平的被试没表现出明显的促进作用。

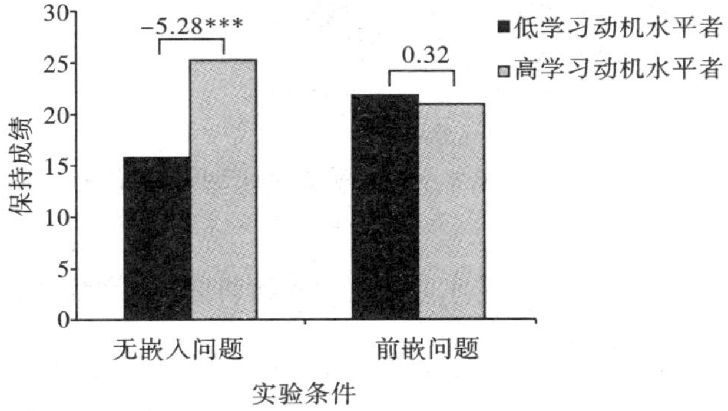

注：* $p<0.05$，** $p<0.01$，*** $p<0.001$；图中的数值为 t 值，下同。

图 6.4　被试先前知识经验水平与实验条件对保持成绩的交互效应分析

（二）学习者的先前知识经验水平与实验条件对其迁移成绩的交互作用

为了考察学习者的先前知识经验水平与实验条件对其迁移成绩的交互影响，以被试的三次迁移成绩之和作为因变量，进行两因素方差分析。经过分析发现，被试类型主效应显著（$F(1, 51)=5.98$，$MSE=43.29$，$p<0.05$，$Partial\ Eta\ Squared=0.11$），实验条件主效应不显著（$F(1, 51)=1.76$，$MSE=43.29$，$p>0.05$，$Partial\ Eta\ Squared=0.03$），被试类型与实验条件交互效应显著（$F(1, 51)=4.62$，$MSE=43.29$，$p<0.05$，$Partial\ Eta\ Squared=0.08$）。对被试类型与实验条件交互效应进一步分析发现，当观看无嵌入问题教学视频时，高知识经验水平组的迁移成绩显著高于低知识经验水平组；而当观看前嵌问题的教学视频时，高知识经验水平组的迁移成绩与低知识经验水平组没有显著差异。被试先前知识经验水平与实验条件对迁移成绩的交互效应分析如图 6.5 所示。

上述结果表明，在教学视频中前嵌问题，相比于高知识经验水平者，对低知识经验水平者的迁移成绩更具有促进作用，支持本研究假设 1。这也说明，低知识经验水平学习者观看前嵌问题的教学视频时，能有效提高其迁移成绩。

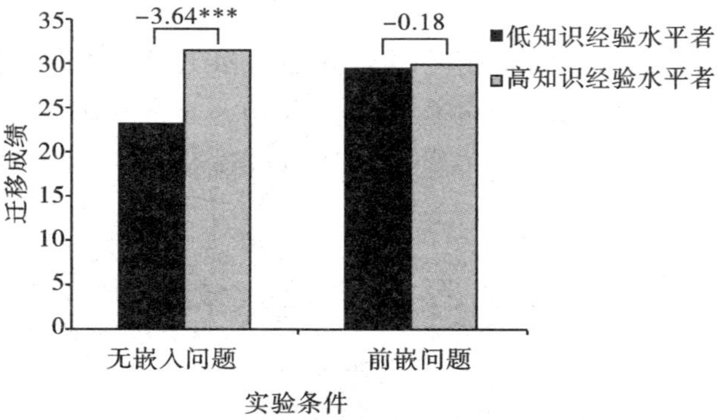

图 6.5 被试先前知识经验水平与实验条件对迁移成绩的交互效应分析

二、学习者的学习动机水平与实验条件的交互作用

为了探究学习者动机水平对其观看教学视频的学习效果影响，研究者根据被试在学习动机水平问卷上得分的高低，将被试分为高学习动机水平组（$n=27$）和低学习动机水平组（$n=28$）。高低学习动机水平组被试在分别观看不同类型的教学视频后，研究者对其学习效果测量结果进行分析，其描述性统计结果见表 6.3。

表 6.3 按学习者的学习动机水平进行分组的描述性统计结果

被试类型	实验条件	*n*	保持		迁移	
			M	*SD*	*M*	*SD*
低学习动机水平者	无嵌入问题	12	20.08	7.74	27.79	9.21
	前嵌问题	15	22.47	6.49	30.47	8.00
高学习动机水平者	无嵌入问题	18	20.94	6.26	27.33	5.56
	前嵌问题	10	19.90	6.51	28.30	6.04

（一）学习者的学习动机水平与实验条件对其保持成绩的交互作用

为了考察学习者的学习动机水平与实验条件对其保持成绩的交互作用，以学习者的学习动机水平和实验条件为自变量，以被试的三次保持成绩作为因变量，进行两因素方差分析。经过分析结果发现，被试类型主效应不显著

(F (1, 51) $=0.21$, $MSE=45.03$, $p>0.05$, *Partial Eta Squared* <0.01), 实验条件主效应不显著 (F (1, 51) $=0.13$, $MSE=45.03$, $p>0.05$, *Partial Eta Squared* <0.01), 被试类型与实验条件交互效应不显著 (F (1, 51) $=0.85$, $MSE=45.03$, $p>0.05$, *Partial Eta Squared* $=0.02$)。被试学习动机与实验条件对保持成绩的交互效应分析如图 6.6 所示。

上述结果表明，被试的学习动机水平与实验条件均对其保持成绩无显著影响，不支持本研究假设 2。这说明，学习动机水平对学习者观看教学视频后的保持成绩没有促进作用。

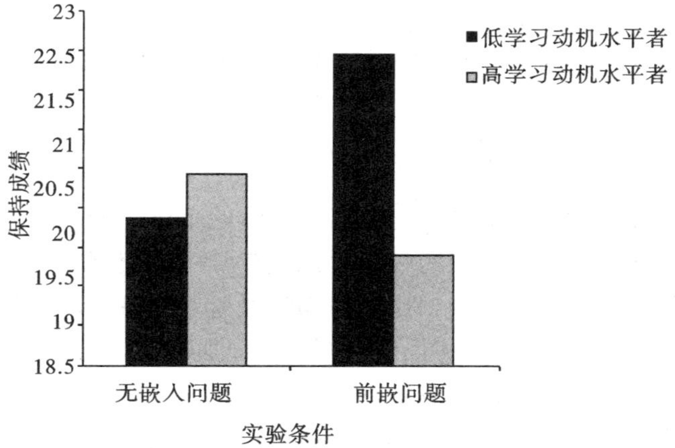

图 6.6　被试学习动机水平与实验条件对保持成绩的交互效应分析

（二）学习者的学习动机水平与实验条件对其迁移成绩的交互作用

为了考察学习者的学习动机水平与实验条件对其迁移成绩的交互作用，以学习者的学习动机水平和实验条件为自变量，以被试的三次迁移成绩之和作为因变量，进行两因素方差分析。经过分析发现，被试类型主效应不显著 (F (1, 51) $=0.43$, $MSE=52.59$, $p>0.05$, *Partial Eta Squared* $=0.01$), 实验条件主效应不显著 (F (1, 51) $=0.83$, $MSE=52.59$, $p>0.05$, *Partial Eta Squared* $=0.02$), 被试类型与实验条件交互效应不显著 (F (1, 51) $=0.18$, $MSE=52.59$, $p>0.05$, *Partial Eta Squared* <0.01)。被试学习动机水平与实验条件对迁移成绩的交互效应分析如图 6.7 所示。

上述结果表明，被试的学习动机水平与实验条件均对其保持成绩无显著影响，不支持本研究假设 2。这就说明，学习者的学习动机水平对其观看教学视频后的保持成绩没有较为明显的促进作用。

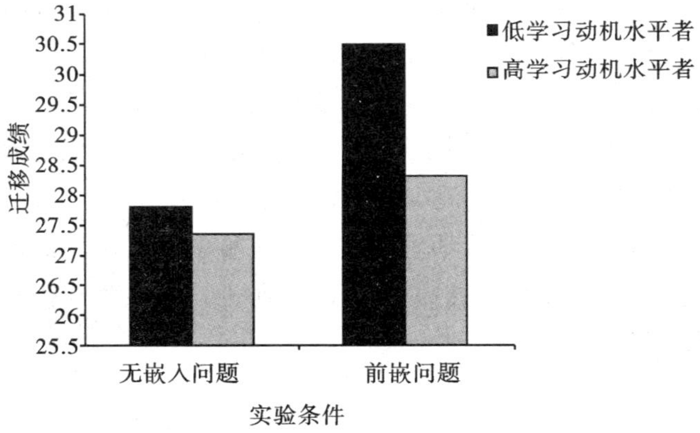

图 6.7 被试学习动机水平与实验条件对迁移成绩的交互效应分析

三、结果分析与讨论

本研究旨在通过教学实践研究考察学习者的个体差异（先前知识经验水平和学习动机水平）在前嵌问题的教学视频设计中的交互作用。实验结果显示：在教学视频中前嵌问题，相比于高知识经验水平者，对低知识经验水平者的保持成绩和迁移成绩都更具有促进作用；然而，被试的学习动机水平与实验条件对其保持成绩和迁移成绩均无显著影响。经进一步研究发现，学习者的先前知识经验水平影响了教学视频中前嵌问题的设计效果，而他们的学习动机水平却没有影响前嵌问题的设计效果。这种影响具体表现为，当教学视频中前嵌问题时，使低知识经验水平的学习者观看教学视频后达到了与高知识经验水平的学习者相同的学习效果，有较显著的促进作用；而高低学习动机水平的学习者在观看有无前嵌问题的教学视频后的学习效果均无显著差异，未显示出明显的促进作用。

本实验教学视频中前嵌问题的设计与学习者的先前知识经验水平对其学习效果产生交互作用，这一结果再次证实第四章的研究结果。综合实验研究和教学实践研究的结果表明，教学视频中前嵌问题无反馈的设计呈现出较为稳定的经验反转效应。根据认知冲突理论，教学视频中前嵌问题的设计可以激发学习者的认知冲突，提高他们参与学习活动的动机，促进深度学习的发生（Rahim 等，2015）①。对于先前知识经验水平不同的学习者，他们头脑中

① RAHIM，NOOR，ZAID. Meta-analysis on Element of Cognitive Conflict Strategies with a Focus on Multimedia Learning Material Development [J]. International Education Studies，2015，8（13）：73-78.

固有的知识结构不同，因此，在通过前嵌问题激发他们的认知冲突时，可能存在一定的差异。根据思维型教学理论，在课堂教学中，教师和学生的核心活动是思维，教师可以根据学生的知识基础，有计划、有目的地创设教学问题情境，促进学生认知发展；学生积极主动完成对知识信息的建构，实现有意义的学习。此外，根据第四章研究中的眼动数据结果发现，前嵌问题的设计在引导学习者注意力分配上不存在经验反转效应，因此，我们可以推测，可能对于高低知识经验水平的学习者来说，影响他们学习效果的主要因素存在一些差异。

然而，教学视频中前嵌问题的设计与学习者学习动机水平对其学习效果产生的交互作用，未显现出较为显著的促进作用，这一结果并未证实第五章中研究的结果。根据上述结果可以推测，出现这一现象的可能原因是，在本研究中被试的选取采用的是方便取样，导致高低分数组被试的学习动机水平差异较小，分析两组被试在学习动机水平问卷上的原始得分发现，高分组被试学习动机水平的得分为 0 至 13（$MD=3.96$，$SD=3.77$），低分组被试学习动机水平的得分为－1 至－14（$MD=-7.00$，$SD=4.09$）。因此，他们在教学视频学习中的保持和迁移的两种学习效果并未呈现出显著差异。未来研究可以通过从大样本被试中选取学习动机水平相差较大的两组被试，再进行教学实践研究，以检验是否能证实实验研究中的结果。

综上所述，本实验研究的主要结论是：教学视频中前嵌问题且无反馈的设计对高低知识经验水平学习者的学习影响中存在经验反转效应，这与第四章研究结论相一致。这一结论再次可以启示我们，在今后的教学视频设计中，可以通过嵌入有意义的问题情境，激发学习者的学习积极性，从而促进学习效果的提高。同样可以探索在线上教学甚至课堂教学活动中，采用创设问题的策略来促进学生学习思维活动的发生。

当然，本章研究虽未证实第五章中部分实验结论（学习动机水平与实验类型对学习的交互影响），究其原因，推测到可能的原因是与样本的选取有较大关系，直接影响了实验结果，但是否还有其他方面的原因还不得而知。这些疑问在未来的教学设计中仍然可以探索在教学视频或教学过程中嵌入有价值的问题，以检验对高动机水平学习者学习效果的促进作用。

第七章　结论与展望

随着对教学视频中前嵌问题对学习影响研究的深入，较为清晰地发现在教学视频中嵌入问题会对学习者的学习带来不同程度的影响。对于前嵌问题但不提供反馈的教学视频来说，由于在学习者观看视频时提高了对相关内容的视觉注意力，促使他们投入更多的精力关注与问题相关的学习内容，从而提高了学习成绩。

第一节　研究结论

通过对教学视频中前嵌问题对学习者学习影响的实验研究和教学实践活动，研究利用眼动追踪技术、行为分析方法对不同学习者的学习效果进行了深入研究。在分析研究结果的基础上得出研究总结，分别从教学视频中前嵌问题与反馈设计对学习的影响，学习者的先前知识经验水平对教学视频中前嵌问题与反馈设计效果的影响，学习者的学习动机水平对教学视频中前嵌问题与反馈设计效果的影响进行概述，还梳理了研究的主要理论方面和实践方面的贡献。

一、教学视频中前嵌问题与反馈设计对学习的影响

在教学视频中前嵌问题与反馈对学习者学习影响的粗略研究中主要采用眼动实验法和问卷测量法进行了实验研究，考察分析了教学视频中前嵌问题及其反馈对学习的影响及其注意力分配程度。研究中就大学生普遍关心的热门话题，设计了包括教学视频中无嵌入问题、前嵌问题且提供反馈和前嵌问题但不提供反馈三种不同类型的教学视频，供不同的学习者通过眼动仪进行观看。通过研究结果分析发现，在观看教学视频中前嵌问题且不提供反馈时学习者能有效提高他们的学习效果，而观看其他两种类型教学视频的学习者的学习成绩则没有明显提高。此外，研究还发现，这种前嵌问题但不提供反馈的设计策略还提高了学习者对与前嵌问题相关内容，甚至是视频中所有教

学内容的视觉注意程度。

教学视频中前嵌问题但不提供反馈对学习者在学习成绩以及视觉注意方面带来的影响，与认知冲突理论是相一致的。根据认知冲突理论，在教学活动中可以利用创设问题情境的形式激发学习者的认知冲突，提高他们对学习活动的投入程度和动机水平，促进学习者深度学习的发生，进而实现他们对知识内容的组织与整合（Rahim，Noor，Zaid，2015）①。结合学习效果和眼动分析的数据，我们可以发现，与其他类型的教学视频相比较，在教学视频中前嵌问题但不提供反馈时，不但提高了学习者的学习效果，同时也引导了他们的注意力分配，增加了学习者对相关学习内容的注意力，造成这种结果的原因可能是学习者在观看前嵌问题但不提供反馈的教学视频时，由于教学视频前嵌问题而创设的有效问题情境的形式激发了学习者的认知冲突，提高了观看教学视频的投入程度和动机，有效促进了学习者对学习内容的知识加工，从而提高了学习效果。这一作用就如同教学视频中的其他线索一样，在多媒体学习过程中，线索的设置能有效地帮助学习者将有限的注意力投入到关键或重点信息材料加工方面（Mayer，2014；Pi，Hong，Yang，2017）②③，这能有效引导学习者对线索内容的注意力投入，促进他们对线索相关内容的信息加工，帮忙他们对知识更好地建构，提升学习效果。然而与其他线索设计不同的是，其他线索往往是将线索插入到学习过程中，而在教学视频中的问题嵌入则是在学习活动之前；其他线索只提高了学习者对当前提示内容的注意，而前嵌问题不仅让被试分配更多的注意力于与问题相关的内容，同时还提高了他们对整个学习内容的注意（王福兴，段朝辉，周宗奎，2013；谢和平，王福兴，周宗奎，吴鹏，2016）④⑤，这与在教学视频中前嵌问题但不提供反馈对

① RAHIM，NOOR，ZAID. Meta-analysis on Element of Cognitive Conflict Strategies with a Focus on Multimedia Learning Material Development [J]. International Education Studies，2015，8 (13)：73-78.

② MAYER. The Cambridge handbook of multimedia learning [M]. Cambridge：Cambridge University Press，2014.

③ PI，HONG，YANG. Effects of the instructor's pointing gestures on learning performance in video lectures [J]. British Journal of Educational Technology，2017，48 (4)：1020-1029.

④ 王福兴，段朝辉，周宗奎. 线索在多媒体学习中的作用 [J]. 心理科学进展，2013，21 (8)：1430-1440.

⑤ 谢和平，王福兴，周宗奎，等. 多媒体学习中线索效应的元分析 [J]. 心理学报，2016，48 (5)：540-555.

学习者学习成绩以及视觉注意影响的研究是一致的。前嵌问题但不提供反馈的教学视频可以激发学习者产生自上而下的学习方式。相比较于教学视频无嵌问题，前嵌问题在引起学习者视觉注意的同时，也会激发学习者思维活动的改变，使他们在接受问题信息时能够主动启动加工编码程序，有效完成对问题主动的建构，从而实现有意义的学习。这些结果能够补充以往教学视频中前嵌问题影响学习的机制研究。

综上分析，由此可以得出结论：在教学视频中前嵌问题但不提供反馈的设计策略不仅能够有效引导学习者对学习学习内容的注意力，同时还能够提高他们的学习效果；然而，教学视频中前嵌问题并提供反馈的教学策略仅能提高学习者的短时迁移效果，对保持效果和视觉注意无显著影响。这一结论可以直接指导教学视频交互设计，即在学习相关内容之前嵌入一些有意义的问题情境，但不提供问题反馈，能够有效促进学习者的学习效果，还能够提高学习者的视觉搜索效率。

二、学习者的先前知识经验水平对教学视频中前嵌问题与反馈设计效果的影响

本书在对不同先前知识经验水平学习者观看教学视频和进行课堂教学的研究中分别采用眼动实验法和教学实践研究，主要考察了在教学视频的嵌入问题与反馈设计中对不同先备知识的学习者是否存在经验反转效应。上述两种研究结果均发现，学习者的先前知识经验水平与教学视频设计对其学习效果具有显著的交互影响。这种交互影响具体体现在，教学视频中前嵌问题但不提供反馈的设计仅提高了低知识经验水平学习者的学习效果，对于高知识经验水平学习者没有显著影响，同时也表明前嵌问题但不提供反馈的设计对低知识经验水平学习者是有效的教学策略。

以上结果恰好与经验反转效果相吻合。经验反转效果指出，学习者的先前知识经验水平是影响其视频学习效果的重要认知因素之一，对于低知识经验水平的学习者较好的教学视频设计策略，未必能适用于高知识经验水平的学习者（Kalyuga 等，2012）①。如前所述，低知识经验水平的学习者在学习过程中主要采用自下而上的加工方式，而高知识经验水平的学习者则采用自上而下的加工方式，换句话说，他们的注意力分配或者认知资源分配受到不

---

① KALYUGA，RIKERS，PAAS. Educational implications of expertise reversal effects in learning and performance of complex cognitive and censorimotor skills［J］. Educational Psychology Review，2012，24（2）：313-337.

同因素的影响。这种视觉注意力分配或认知资源分配的不同影响具体表现为，低知识经验水平的学习者的注意力分配更容易受到视觉信息的凸显性的影响，而高知识经验水平的学习者的注意力分配是由已具有的先前知识信息控制（Arslan-Ari，2018；Kalyuga 等，2012）①②。当教学视频中前嵌问题影响了低知识经验水平者认知资源的分配，便促使他们释放出更多的认知资源用于知识信息的整合、加工编码，完成对信息的主动建构，实现有意义的学习，从而提高了他们的学习效果。然而，对于高知识经验水平的学习者，尽管教学视频中前嵌问题也有效引导了他们的注意力，但却没有明显提高他们的学习效果。据此我们可以推测，在教学视频学习过程中，影响低知识经验水平的学习者与高知识经验水平的学习者的学习效果的关键因素存在一定的差异。对于低知识经验水平学习者可以采用教学视频中前嵌问题但不提供反馈的教学设计，但对于高知识经验水平学习者来讲，则需要进一步探索其他教学设计策略，以有效提高其学习效果。

此外，根据认知冲突理论，当教学视频中前嵌问题时，学习者头脑中的先前知识经验可能与问题之间发生交互，产生认知冲突，而对于低知识经验水平的学习者与高知识经验水平的学习者，他们头脑中的先前知识经验水平存在差异，因此，前嵌问题在激发认知冲突时也可能存在差异，可能更容易引起低知识经验水平的学习者的认知冲突，从而导致在教学视频中前嵌问题能更有效提高他们的学习效果（袁启林，2015）③。在未来研究中可以考察教学视频中前嵌问题在激发高低知识经验水平的学习者的认知冲突方面是否存在差异。依据思维型教学理论，在教学视频学习过程中，学习者学习的核心活动是思维，教学视频中根据学生的先知背景，有计划、有目的地创设有意义的教学情境，促进学生认知发展，主动完成信息建构，有效提升学习效果。对于低知识经验水平的学习者来说，创设的问题情境可能更容易产生认知冲突，促使学习者开展大脑思维活动，激发学习的兴趣，进行深度学习。

---

① ARSLAN-ARI. Learning from instructional animations：how does prior knowledge mediate the effect of visual cues? [J]. Journal of Computer Assisted Learning，2018，34 (2)：140-149.

② KALYUGA，RIKERS，PAAS. Educational implications of expertise reversal effects in learning and performance of complex cognitive and censorimotor skills [J]. Educational Psychology Review，2012，24 (2)：313-337.

③ 袁启林. 创设问题情境 引发认知冲突 建构物理概念——浅析“摩擦力”教学案例 [J]. 物理教师，2015，36 (9)：9-10.

综上所述，我们从两项研究中可以得出如下结论：教学视频中前嵌问题但不提供反馈的设计对学习者的学习效果影响中存在经验反转效应。这一结论对今后开展教学视频设计或线上教学实践工作的启示是，我们可以通过在学习相关内容之前，嵌入一些有意义的问题但不提供问题反馈，以促进低知识经验水平者的学习效果；但要想提升高先前知识经验水平者的学习效果，需要进一步研究探索在教学视频中选用另外不同的教学设计策略。

三、学习者的学习动机水平对教学视频中前嵌问题与反馈设计效果的影响

本书在第五章和第六章中关于学习者的学习动机水平对教学视频中前嵌问题与反馈设计的交互影响的研究分别采用眼动实验法和教学实践研究，考察了学习者的学习动机水平是否影响了教学视频的嵌入问题与反馈设计效果。通过眼动实验发现，学习者学习动机水平与教学视频设计对其学习效果具有显著的交互影响，即教学视频中前嵌问题但不提供反馈的设计仅提高了高动机水平学习者的学习效果。研究数据显示，高低动机水平的学习者观看不同类型的教学视频时对学习效果的影响程度并不一样。具体而言，当学习者观看无嵌入问题教学视频时，高学习动机水平组的迁移成绩显著低于低学习动机水平组；而当观看前嵌问题且无反馈的教学视频时，高学习动机水平组的迁移成绩显著高于低学习动机水平组；当观看前嵌问题且有反馈的教学视频时，两组被试的迁移成绩没有差异。

同时，学习动机水平对学习者的视觉注意的影响也反映出不同的效果。具体表现为：当学习者观看无嵌入问题教学视频时，高学习动机水平组首次注视与问题相关内容的时间显著长于低学习动机水平组；而当学习者观看前嵌问题但无反馈的教学视频和前嵌问题且有反馈的教学视频时，首次注视与问题相关内容的时间与低学习动机水平组并没有显著差异。通过进一步研究分析发现，视频中前嵌问题更明显地提高了高学习动机水平学习者的学习效果和视觉搜索效率。从这些结果可以推测，在教学视频学习中，高学习动机水平组的学习者更需要“脚手架”，以提高学习效果和对信息的搜索效率。

然而在教学实践研究中并未证实眼动实验结果，没有产生较为显著的交互效应。通过比较分析发现，出现这一现象的可能原因是，在本研究中学习者的选取采用的是方便取样法，分析两组学习者在动机问卷上的原始得分可以发现，高低分数组学习者的学习动机水平差异较小，是导致两组

不同学习动机水平学习者在教学实践中没有验证前面实验研究的结果的直接原因。因此，他们在教学视频学习中学习效果并未呈现出显著差异。未来研究可以通过选取学习动机水平相差较大的两组被试，再次进行教学实践研究，以检验动机水平与教学视频类型对学习者学习效果和视觉搜索效率的交互。

以往研究发现，对比高低学习动机水平的学习者在学习过程的注意力分配发现，高学习动机水平的学习者在整个视频学习过程中表现出更高的注意程度，说明他们对教学视频中的内容有更高的兴趣和投入程度，这一结果与以往研究结果是一致的（高洁，2016；牟智佳，2017）①②。另有研究者指出，学习动机是影响学习者对教学视频投入程度的重要影响因素之一，动机水平越高，对教学视频的投入程度也越高（张纲要，李紫衣，2018）③。同时，通过分析学习效果也发现，学习者的动机水平与学习效果之间并没有呈现正相关，即并不是学习者的动机水平越高，其学习效果越好，这与以往研究结果也较为一致（Ahmad，Rana，2012）④。综合学习效果和眼动数据的结果发现，学习者的学习动机并没有影响他们的学习效果，但是影响了他们对学习的投入程度。因此，教学视频中的前嵌问题可以作为高学习动机水平学习者的“脚手架”，帮助他们快速地搜索到重要的学习内容，从而提高他们的学习效果。由此可以推测，教学实践研究之所以没有证实眼动实验的结果的原因可能是，教学实践研究中高学习动机水平组的被试和低学习动机水平组的被试，在学习动机水平测试问卷上的得分差异并不大，因此，他们在教学视频中前嵌问题设计对学习效果的影响上并未呈现出明显的差异。

本书最为有趣的发现是，在教学视频中前嵌问题但不提供反馈时，只提高了高学习动机水平的学习者的学习效果和注意力搜索效率。这一结果表明，教学视频中前嵌问题的设计对高学习动机水平的学习者更加有效。然而，出现这一结果的可能原因是，由于低学习动机水平的学习者本身对教学视频的

---

① 高洁. 外部动机与在线学习投入的关系：自我决定理论的视角［J］. 电化教育研究，2016（10）：64-69.

② 牟智佳. MOOCs学习参与度影响因素的结构关系与效应研究——自我决定理论的视角［J］. 电化教育研究，2017（10）：37-43.

③ 张纲要，李紫衣. 基于质性分析的MOOC高退学率归因研究［J］. 电化教育研究，2018（1）：29-35.

④ AHMAD，RANA. Affectivity，Achievement Motivation，and Academic Performance in College Students［J］. Pakistan Journal of Psychological Research，2012，27（1）：107-120.

兴趣和投入程度较低，因此，即使在教学视频中设计了前嵌问题，也未能激发他们的认知冲突和提高他们对学习内容的注意（张纲要，李紫衣，2018）①。未来研究中，我们还可以尝试从社会方面的教学设计提高教学视频的社会互动性，以试图考察教学视频中其他方面的设计能否有效提高低动机水平的学习者的学习效果和吸引他们的注意力。

综上可以得出结论：对前嵌问题但不提供反馈的教学视频的学习提高了高学习动机水平学习者的学习效果和信息搜索效率。这一结论可以给我们今后教学视频设计工作带来的启示是，教师可以通过在学习者学习相关内容之前，嵌入一些有意义的问题，但无须提供问题反馈，以提高高学习动机水平学习者的视觉注意力，从而优化他们的学习效果。

四、研究主要贡献

本书在研究中，设计了三种不同类型的教学策略，对在校大学生这一被试样本群体分别开展了系列的实验研究和教学实践研究。在总结已有研究的基础上，本书主要基于认知冲突理论、思维型教学理论等，把嵌入问题作为研究的切入点，系统探讨了教学资源中问题嵌入的时间和是否反馈对学习者学习效果的影响，以及通过眼动追踪技术从更深层次分析了学习者注意力分配问题。同时，以往研究中发现学习者的不同特质中先前知识经验水平和学习动机水平对学习影响的关键作用，本书在研究中选择了先前知识经验水平和学习动机水平作为实验研究的两个边界条件，进一步探索先前知识经验水平和学习动机水平对学习者学习所带来的调节效应，并通过研究最终发现为未来教学资源的设计开发制作提供了理论参考和实践意义。

（一）理论贡献

本书通过实验研究和教学实践对教学视频中前嵌问题的设计策略影响程度进行多个角度验证，不仅检验了以往相关的研究结果，还在教学设计策略对学习影响方面进一步探索，对现有研究和理论进行了深化和拓展，主要的理论贡献体现在以下两个方面。

第一个理论贡献在于丰富了相关理论的研究成果。基于认知冲突理论和多媒体学习理论线索原则，采用认知视角考察了教学视频中前嵌问题与反馈设计对学习的影响。学习者作为学习活动的主体，其个体差异影响教学视频

① 张纲要，李紫衣. 基于质性分析的 MOOC 高退学率归因研究 [J]. 电化教育研究，2018 (1)：29-35.

的设计效果（Calvert，Richards，Kent，2014）[①]。以往研究在探讨该问题时，鲜有研究关注学习者的个体差异对设计效果的影响。本书在实验中，考虑到学习者的个体差异，选取了先前知识经验水平和学习动机水平两方面的高低特质的学习者，考察了学习者的先前知识经验水平和学习动机水平对教学视频中前嵌问题与反馈设计的影响，对教学视频的个性化学习具有重要的指导借鉴作用。此外，认知冲突理论和多媒体学习理论线索原则没有针对学习者的个体差异对教学效果的影响及其机制方面提出理论假设，本书的研究结果可以在一定程度上拓展这两个理论。

第二个理论贡献在于拓展了研究深度。本书采用了眼动实验和教学实践，考察了教学视频中前嵌问题与反馈设计对学习的影响，以及学习者的个体差异在其中的作用。我们发现，教学视频中前嵌问题但不提供反馈时不仅能够有效提高学习者对教学内容的注意，同时还能够提高他们的长期和短期学习效果。此外，教学视频中前嵌问题设计中还呈现出经验反转效应。本书采用注视时间和首次注视达到时间等眼动指标以揭示前嵌问题与反馈设计，以及学习者的个体差异影响其学习的心理机制，拓展了教学视频设计的研究深度。眼动追踪实验的应用提高了研究的客观性，克服了行为实验研究的主观性因素影响，从心理学角度深度剖析了学习者对学习内容的注意力影响程度，以验证教学视频中前嵌问题对学习者学习效果的影响。另外，还通过教学实践研究进一步验证实验研究的结果，扩大了研究结果的应用范围，提高了结果应用的可推广性。

（二）实践意义

本书结合了实验研究和教学实践研究，多方面验证本书的研究结果，提高了结论的可推广性，在实践方面对教学视频设计以及个性化学习具有一定的启发意义。

第一，本书的研究结果表明，教学视频中前嵌问题但不提供反馈时不仅能够有效提高学习者对教学内容的注意，同时还能够提高他们的学习效果。这启发我们，在设计教学视频过程中，可以通过在学习相关教学内容前，创设有意义的问题情境，来提高学习者的投入程度和学习效果。这种教学设计策略除了教学视频的设计应用之外，还可以推测在课堂教学过程、线上教学、

---

① CALVERT，RICHARDS，KENT. Personalized interactive characters for toddlers' learning of seriation from a video presentation [J]. Journal of Applied Developmental Psychology，2014，35 (3)：148-155.

技能培训等任务中加以应用与实践，以提高学习效果。

第二，本书的研究结果针对具有不同先前知识经验水平的学习者设计教学视频有参考意义。本研究发现，教学视频中前嵌问题的设计中存在经验反转效应。教学视频中前嵌问题且不提供反馈时，不仅提高了低知识经验水平学习者的注意力，同时也提高了他们的学习效果。因此启示我们，在针对低知识经验水平的学习者时，应该在教学视频中前嵌问题，以期引导他们在学习过程中的注意力分配和提高他们的学习效果；而对于高知识经验水平的学习者则需要采取其他的教学设计策略。

第三，本书的研究结果针对具有不同学习动机水平的学习者设计教学视频也有一定的启发。本研究发现，对前嵌问题但不提供反馈的教学视频的学习仅提高了高学习动机水平的学习者的学习效果和信息搜索效率。这一结果启发我们，在教学视频中前嵌问题对高学习动机水平的学习者的学习具有更大的积极影响。因此给我们带来的启发是，在针对高学习动机水平的学习者时，应该在教学视频中前嵌问题但不提供反馈，以期提高他们的学习效果；而对于低学习动机水平的学习者则需要寻找其他有效的视频设计策略。

第二节　研究不足与展望

本书涉及的研究虽采用行为实验研究、问卷调查和眼动追踪技术探索在教学视频中前嵌问题对学习者学习的注意力分配和学习效果的影响，还从实验研究和教学实践两个角度分别加以验证，取得了有一定价值的研究成果。但是由于受到研究条件、研究思路设计等方面的影响，本书研究还存在一些不足之处，需要在今后的研究中加以不断改进，以便开展更为深入的研究探索。

一、研究不足

贯穿本书的几个研究中，不论是在研究构思还是在研究方法上仍然存在一些不足之处，需要在未来的研究中进行更深入的探讨。

首先，本研究被试的样本量不够大，如第四章的研究中高低分数组的被试人数为 50 人，第五章的研究中高低分数组的被试人数为 48 人，本研究的结论还有待在更大的样本群体中再次验证。由于样本量不够大，因此，可能导致最后的实验中所挑选的先前知识经验水平和学习动机水平高分组和低分组之间的差异不大，特别是在选取高低分组时未能采用常见的分组方式，而只是以中间分数为界限分为高低两组，这会对本书的研究结果产生一定的影响，这也是导致第五章的研究和第六章的研究的有些结果不一致的重要原因。在未来研究中，应在更广泛的样本群体中筛选出一定特质的被试参与实验。

其次，对教学视频中前嵌问题影响学习的机制研究还有待进一步加强。教学视频中前嵌问题是否通过影响学习者学习过程中的神经活动，从而影响其学习效果，还需要未来进一步研究。近年来，随着认知神经科学研究方法的发展，如脑电（EEG）、核磁共振（fMRI）和功能性近红外脑成像方法（fNIRS）等，为考察教学视频学习下的认知神经机制研究提供了可能（Cohen 等，2018；Leong 等，2017）①②。因此，本研究中虽已采用眼动追踪技术探索学习者的注意力分配影响，但未来还需要采用其他的认知神经科学的研究方法，进一步揭示教学视频中前嵌问题影响学习的认知神经机制。

最后，本研究没有考察学习者的其他个体差异，如年龄、性别和学习风格等在教学视频中前嵌问题设计中的作用。学习者作为学习活动的主体，其性别、年龄、认知、情绪和学习风格等均会影响他们对教学视频设计的效果，进而影响他们在教学视频中的学习效果（Calvert 等，2014）③。本研究仅考察了学习者的先前知识经验水平和学习动机水平两个方面的个体差异对教学视频中前嵌问题设计的影响。未来研究有必要补充个体差异中其他因素在教学视频设计中的作用，以便更加全面客观评价教学视频对学习者学习影响的交互效应，为各类不同特质的学习者提供个性化教学设计策略，达到开展“因材施教”教育教学活动的根本目标。

二、未来展望

结合本研究的主要成果，考虑到研究中存在的不足，在今后的研究和教育教学实践中，我们可以从以下几个方面不断改进。

首先是在教学实践中合理运用在教学视频中前嵌问题但不提供反馈的设

---

① COHEN, MADSEN, TOUCHAN, et al. Neural engagement with online educational videos predicts learning performance for individual students [J]. Neurobiology of Learning & Memory, 2018, 155 (43): 60-64.

② LEONG, BYRNE, CLACKSON, et al. Speaker gaze increases information coupling between infant and adult brains [J]. Proceedings of the National Academy of Sciences of the United States of America, 2017, 114 (50): 13290-13295.

③ CALVERT, RICHARDS, KENT. Personalized interactive characters for toddlers' learning of seriation from a video presentation [J]. Journal of Applied Developmental Psychology, 2014, 35 (3): 148-155.

计策略。通过本书上述研究发现，教学视频中前嵌问题但不提供反馈的教学策略能够有效提高低知识经验水平学习者的学习效果。具体可以应用在几个方面，一是在教学视频的设计中，可以在教学之前通过嵌入有意义的问题但不提供反馈，可以提高学习者的注意力和学习效果，特别是低知识经验水平的学习者，促使他们在学习过程中发生经验反转效应，提高他们的学习效果；二是探索在课堂教学中教学内容之前设置有价值的问题，以造成学习者对学习内容的认知冲突，激发学习者的学习积极性，促使学习者开展对相关教学内容以及其他教学内容的信息建构、知识加工、积极思维等有意义的学习活动，从而提高学习者的学习效果；三是尝试在线上教学实践中，通过嵌入有意义的问题，激发学生学习的积极性，特别是有效吸引学习者对学习内容的注意力，克服线上教学活动师生、生生互动交流活动不足的缺陷，提高线上教学的学习效果；四是推进技能培训活动的教学应用，在培训过程中，积极创设有价值的问题情境，促使培训学员开展深入的思维活动，主动融入培训的全过程，提高培训的效果。

再者是开展深入研究与探索。针对本研究中的不足之处，未来有必要通过几个方面的努力，就教学设计策略进行深入的探索，以检验研究结果和扩大应用范围。在样本的选取上，可以从在校大学生中广泛招募，合理选择年龄相当、性别比例相对一致的大样本群体，针对研究中先前知识经验水平测试和学习动机水平的分组设计采用常见的样本取样方法，以保证样本选取的客观性和有效性。在研究机制上，采用脑电（EEG）、核磁共振（fMRI）和功能性近红外脑成像方法（fNIRS）等先进技术，探索教学视频对学习者大脑神经活动的影响机制，以检验对学习效果产生影响的深层次机理。从不同的认知角度多维度检验教学视频中前嵌问题对学习者学习影响的程度，探究更为客观有效的教学设计策略。

三是针对本研究的空白，探求新的研究问题和研究方法。本研究中对于不同特质个体的考虑较为单一，仅从先前知识经验水平和学习动机水平两个方面进行了探索，作为影响学习者学习效果的因素较多，比如性别、年龄、学习风格等都非常值得进一步探索。即便如此，包括对于高知识经验水平学习者和低学习动机水平的学习者的教学设计如何进行，都有待进一步深入探索，毕竟人的发展是全面的发展，从因材施教的教育理念出发，对不同个人特质的学习者的教学都不可缺少，都应该可能通过科学研究与教学实践探索找出适合的教学策略，通过教育活动全面促进人的发展。

本书在研究中仅就教学视频中前嵌问题与反馈的机制进行了较为深入的探索，在尝试引入眼动实验技术进行研究的同时，发现了有一定价值的研究结论，可以为今后教学设计策略、课堂教学、线上教学和技能培训等教学活动提供有意义的参考。随着研究的开展与探索，我们也发现存在的诸多的不足之处，这种不足的发现恰恰促使我们在今后的研究和实践工作中，克服困难、创造条件、拓宽思路，尝试采用新的研究方法，深入开展新的科学问题研究，探索教育教学活动中新的规律和有趣的实践。

参考文献

［1］AFFUM-OSEI，ASANTE，BARNIE，et al. Achievement Motivation，Academic Self-Concept and Academic Achievement among High School Students［J］. European Journal of Research and Reflection in Education Sciences，2014，2（2）：24-37.

［2］AHMAD，RANA. Affectivity，Achievement Motivation，and Academic Performance in College Students［J］. Pakistan Journal of Psychological Research，2012，27（1）：107-120.

［3］ANISSA，BARBARA，ELENA，et al. Pre-test influences on the effectiveness of digital-game based learning：A case study of a fire safety game［J］. Computers & Education，2017（1）：24-37.

［4］ARSLAN-ARI. Learning from instructional animations：How does prior knowledge mediate the effect of visual cues?［J］Journal of Computer assisted Learning，2018，34（2）：140-149.

［5］BADDELEY. Working memory［M］. Oxford：Oxford University Press，1986.

［6］BAUER，BERKENBOSCH，DAM，et al. How does interactivity in videos affect task performance?［J］. Computers in Human Behavior，2014，31（31）：172-181.

［7］BARBARA，SMITH. Preadjunct questions as a learning strategy for older adults：help or hindrance?［J］. Educational Gerontology，1996，22（7）：625-636.

［8］BING，ATIQUZZAMAN. Interactive video over atm：state of the art［J］. Computer Communications，2003，26（7）：747-758.

［9］BOER，KOMMERS，BROCK，et al. The influence of prior knowledge and viewing repertoire on learning from video［J］. Education & Information Technologies，2016，21（5）：1135-1151.

[10] BUSATO, PRINS, ELSHOUT, et al. Intellectual ability, learning style, personality, achievement motivation and academic success of psychology students in higher education [J]. Personality & Individual Differences, 2000, 29 (6): 1057-1068.

[11] CALVERT, RICHARDS, KENT. Personalized interactive characters for toddlers' learning of seriation from a video presentation [J]. Journal of Applied Developmental Psychology, 2014, 35 (3): 148-155.

[12] CANHAM, HEGARTY. Effects of knowledge and display design on comprehension of complex graphics [J]. Learning & Instruction, 2010, 20 (2): 155-166.

[13] CARPENTER, ALEXANDER, TOFTNESS. The Effect of Prequestions on Learning from Video Presentations [J]. Journal of Applied Research in Memory & Cognition, 2017, 6 (1): 104-212.

[14] LIN, ZHENG, ZHANG. Interactions and learning outcomes in online language courses [J]. British Journal of Educational Technology, 2017, 48 (3): 730-748.

[15] CHOI, CLARK. Cognitive and Affective Benefits of an Animated Pedagogical Agent for Learning English as a Second Language [J]. Journal of Educational Computing Research, 2006, 34 (4): 441-466.

[16] CHRISTINA. Computer self-efficacy, academic self-concept, and other predictors of satisfaction and future participation of adult distance learners [J]. American Journal of Distance Education, 2001, 15 (2): 41-51.

[17] COHEN, MADSEN, TOUCHAN, et al. Neural engagement with online educational videos predicts learning performance for individual students [J]. Neurobiology of Learning & Memory, 2018, 155 (1): 60-64.

[18] DANIEL, HILLMAN, DEBORAH, et al. Learner-Interface Interaction in Distance Education: An Extension of Contemporary Models and Strategies for Practitioners [J]. American Journal of Distance Education, 1994, 8 (2): 30-42.

[19] DAGNEW. The Relationship between Students' Attitudes towards School, Values of Education, Achievement Motivation and Academic Achievement in Gondar Secondary Schools, Ethiopia [J]. Research in Pedagogy, 2017, 7 (1): 30-42.

[20] KONING, TABBERS, RIKERS, et al. At tention cueing as a means to enhance learning from an animation [J]. Applied Cognitive Psychology, 2007, 21 (6): 731-746.

[21] KONING, TABBERS, RIKERS, et al. Improved effectiveness of cueing by self-explanations when I earning from a complex animation [J]. Applied Cognitive Psychology, 2010, 25 (1): 183-194.

[22] KONING, TABBERS, RIKERS, et al. Attontion guidance in learning from a complex animation: Seeing is understanding? [J]. Learning and Instruction. 2010, 20 (2): 111-122.

[23] DELEN E, LIEW J, WILLSON V. Effects of interactivity and instructional scaffolding on learning: Self-regulation in online video-based environments [J]. Computers & Education, 2014, 78 (259): 312-320.

[24] ZHANG, ZHOU. Instructional video in e-learning: assessing the impact ofinteractive video on learning effectiveness [J]. Information & management, 2006 (43): 15-27.

[25] FERRIZ, ÁLVARO, SÁENZ-ÁLVAREZ. Predicting Satisfaction in Physical Education Classes: A Study Based on Self-Determination Theory [J]. Open Education Journal, 2013, 6 (1): 1-7.

[26] FUKKINK, TRIENEKENS, KRAMER. Video Feedback in Education and Training: Putting Learning in the Picture [J]. Educational Psychology Review, 2011, 23 (1): 45-63.

[27] GABLE, HARMONJONES. The motivational dimensional model of affect: Implications for breadth of attention, memory, and cognitive categorization [J]. Cognition & Emotion, 2010, 24 (2): 322-337.

[28] GILLY, EKATERINA, ANNE-MARIE, et al. Designing Massive Open Online Courses to take account of participant motivations and expectations [J]. British Journal of Educational Technology, 2017, 48 (6): 1284-1294.

[29] GOULIMARIS. The Relation between Distance Education Students' Motivation and Satisfaction [J]. Turkish Online Journal of Distance Education, 2015, 16 (2): 13-27.

[30] HANNAFIN, HUGHES. A framework for incorporating orienting activities in computer-based interactive video [J]. Instructional Science,

1986，15 (3)：239-255.

[31] HOMER，PLASS，BLAKE. The effects of video on cognitive load and social presence in multimedia-leaning [J]. Computers in Human Behavior，2008，24 (3)：786-797.

[32] JAN. The Relationships Between Academic Self-Efficacy，Computer Self-Efficacy，Prior Experience，and Satisfaction With Online Learning [J]. American Journal of Distance Education，2015，29 (1)：30-40.

[33] JARODZKA，GOG，DORR，et al. Learning to see：Guiding students' attention via a Model's eye movements fosters learning [J]. Learning & Instruction，2013 (25)：62-70.

[34] WU，ROBERT，TENNYSON，et al. A study of student satisfaction in a blended e-learning system environment [J]. Computers & Education，2010，55 (1)：155-164.

[35] JING，SZPUNAR，SCHACTER. Interpolated Testing Influences Focused Attention and Improves Integration of Information During a Video-Recorded Lecture [J]. Exp Psychol Appl，2016，22 (3)：305-318.

[36] JOHNSON，OZOGUL，REISSLEIN. Supporting multimedia learning with visual signalling and animated pedagogical agent：moderating effects of prior knowledge [J]. Journal of Computer Assisted Learning，2015，31 (2)：97-115.

[37] KALYUGA，AYRES，CHANDLER，et al. The expertise reversal effect [J]. Educational Psychologist，2003，38 (1)：23-31.

[38] KALYUGA. Expertise Reversal Effect and Its Implications for Learner-Tailored Instruction [J]. Educational Psychology Review，2007，19 (4)：509-539.

[39] KALYUGA，RIKERS. Educational implications of expertise reversal effects in learning and performance of complex cognitive and censorimotor skills [J]. Educational Psychology Review，2012，24 (2)：313-337.

[40] KULHAVY，STOCK. Feedback in Written Instruction：The Place of Response Certitude [J]. Educational Psychology Review，1989，1 (4)：279-308.

[41] KYLE, WILLIAMS, ROSE, et al. Examining student characteristics, goals, and engagement in Massive Open Online Courses [J]. Computers & Education, 2018 (126): 433-442.

[42] LEAHY, SWELLER. Interactions among the imagination, expertise reversal, and element interactivity effects [J]. Journal of Experimental Psychology: Applied, 2005, 11 (4): 266-541.

[43] LEE, PLASS, HOMER. Optimizing Cognitive Load for Learning from Computer-Based Science Simulations [J]. Journal of Educational Psychology, 2006, 98 (4): 902-913.

[44] LIN, LI, Multiple intelligence and the structure of thinking [J]. Theory and Psychology, 2003 (13): 829-845.

[45] LIN, ATKINSON. Using animations and visual cueing to support learning of scientific concepts and processes [J]. Computers & Education, 2011, 56 (3): 650-658.

[46] LEONG, BYRNE, CLACKSON, et al. Speaker gaze increases information coupling between infant and adult brains [J]. Proceedings of the National Academy of Sciences of the United States of America, 2017, 114 (50): 13290-13295.

[47] MARGARET, KAREN, JILL, et al. Feedback: all that effort, but what is the effect? [J]. Assessment & Evaluation in Higher Education, 2010, 35 (3): 277-289.

[48] MAYER. Multimedia learning [M]. Cambridge: Cambridge University Press, 2009.

[49] MAYER. The Cambridge handbook of multimedia learning [M]. Cambridge: Cambridge University Press, 2014.

[50] MAYER. The promise of multimedia learning: Using the same instructional design methods across different media [J]. Learning and instruction, 2003, 13 (2): 125-139.

[51] MERKT, WEIGAND, HEIER, et al. Learning with videos vs. learning with print: the role of interactive features [J]. Learning & Instruction, 2011, 21 (6): 687-704.

[52] MERKT, SCHWAN. Training the use of interactive videos: effects on mastering different tasks [J]. Instructional Science, 2014, 42 (3):

421-441.

[53] MOORE. Three types of interaction [J]. Distance Education New Perspectives, 1993, 3 (2): 1-7.

[54] MUIRHEAD, JUWAH. Interactivity in computer-mediated college and university education: A recent review of the literature [J]. Journal of Educational Technology & Society, 2004, 7 (1): 12-20.

[55] NAGLIERI, DAS. Construct and criterion related validity of Planning, simultaneous and successive cognitive Processing taks [J]. Journal of Psycho educational Assessment, 1987 (4): 353-363.

[56] OYSTEIN, HALVARI, GULLI, et al. The role of self-determination theory in explaining teachers' motivation to continue to use e-learning technology [J]. Computers & Education, 2009, 53 (4): 1177-1187.

[57] PAAS, VAN. Instructional control of cognitive load in the training of complex cognitive tasks [J]. Educational Psychology Review, 1994, 6: 351-371.

[58] PAIVIO. Mental representations: A dual coding approach [M]. Oxford: Oxford University Press, 1986.

[59] PASS, TUOVINEN, TABBERS, et al. Congnitive load measurement as a means to advance cognitive load theory [J]. Educational Psychologist, 2003, 38 (1): 63-71.

[60] PASTÖTTER, SCHICKER, NIEDERNHUBER, et al. Retrieval during learning facilitates subsequent memory encoding [J]. Journal of Experimental Psychology Learning Memory & Cognition, 2011, 37 (2): 287.

[61] PINTRICH. An achievement goal theory perspective on issues in motivation terminology, theory, and research [J]. Contemporary Educational Psychology, 2000, 25 (1): 92-104.

[62] RAHIM, NOOR, ZAID. Meta-analysis on Element of Cognitive Conflict Strategies with a Focus on Multimedia Learning Material Development [J]. International Education Studies, 2015, 8 (13): 73-78.

[63] RAI, HONG. Conceptual Framework for Knowledge-Based Decision Migration in Multi-Component Robots [J]. International Journal of

Advanced Robotic Systems，2013，10 (5)：237.

[64] RICHARD，MAYER. The Cambridge Handbook of Multimedia Learning (Second Edition) [M]. Cambridge：Cambridge University Press，2014.

[65] ROSE，CLAUDIUS，TABATABAI，et al. The Flipped Classroom in Emergency Medicine Using Online Videos with Interpolated Questions [J]. Journal of Emergency Medicine，2016，51 (3)：284.

[66] RYAN，DECI. Self-determination theory and the facilitation of intrinsic motivation，social development，and well-being [J]. American Psychologist，2000，55 (1)：68-78.

[67] SCHEITER，EITEL. Signals foster multimedia learning by supporting integration of highlighted text and diagram elements [J]. Learning & Instruction，2015 (36)：11-26.

[68] SEAN，EOM，JOSEPH，et al. The Determinants of Students' Perceived Learning Outcomes and Satisfaction in University Online Education：An Empirical Investigation [J]. Decision Sciences Journal of Innovative Education，2006，4 (2)：215-235.

[69] SCHACTER，SZPUNAR. Enhancing attention and memory during video-recorded lectures [J]. Scholarship of Teaching and Learning in Psychology，2015，1 (1)：60-130.

[70] SCHWAN，RIEMPP. The cognitive benefits of interactive videos：learning to tie nautical knots [J]. Learning & Instruction，2004，14 (3)：293-305.

[71] SZPUNAR，KHAN，SCHACTER. Interpolated memory tests reduce mind wandering and improve learning of online lectures [J]. Pnas，2013，110 (16)：6313-6317.

[72] SZPUNAR，JING，SCHACTER. Overcoming overconfidence in learning from video-recorded lectures：Implications of interpolated testing for online education [J]. Journal of Applied Research in Memory & Cognition，2014，3 (3)：161-164.

[73] TAYLOR，JUNGERT，MAGEAU，et al. A self-determination theory approach to predicting school achievement over time：the unique role of intrinsic motivation [J]. Contemporary Educational Psychology，2014，39

(4)：342-358.

［74］WEN. Motivation and Language Learning with Students of Chinese ［J］. Foreign Language Annals，1997，30（2）：235-251.

［75］KALYUGA，CHANDLER，SWELLER. Learner Experience and Efficiency of Instructional Guidance ［J］. Educational Psychology，2001，21（1）：5-23.

［76］SWELLER. Cognitive load during problem solving：Effects on learning ［J］. Cognitive Science，2010，12（2）：257-285.

［77］VURAL. The Impact of a Question-Embedded Video-Based Learning Tool on E-Learning. ［J］. Educational Sciences Theory & Practice，2013，13（2）：1315-1323.

［78］WANG，LI，MAYER，et al. Animated pedagogical agents as aids in multimedia learning：effects on eye-fixations during learning and learning outcomes ［J］. Journal of Educational Psychology，2018，110（2）：250-268.

［79］JUNG，LEE. Learning Engagement and Persistence in Massive Open Online Courses（MOOCS）［J］. Computers & Education，2018（122）：9-22.

［80］PI，HONG，YANG. Effects of the instructor's pointing gestures on learning performance in video lectures ［J］. British Journal of Educational Technology，2017，48（4）：1020-1029.

［81］安晶. 儿童网站中 Flash 动画类学习资源内容特征与接受度研究 ［D］. 济南：山东师范大学，2018.

［82］安其梅，吴红. 认知负荷理论综述 ［J］. 心理学进展，2015（5）：50-55.

［83］卜彩丽. 深度学习视域下翻转课堂教学理论与实践研究 ［D］. 西安：陕西师范大学，2018.

［84］布鲁纳. 教学过程 ［M］. 邵瑞珍，译. 北京：文化教育出版社，1982.

［85］陈丽. 术语“教学交互”的本质及其相关概念的辨析 ［J］. 中国远程教育，2004（2）：12-16.

［86］陈丽. 远程学习中的信息交互活动与学生信息交互网络 ［J］. 中国远程教育，2004（9）：15-19，78.

［87］程建华. 培养学生“三问题”能力的策略——以初中物理教学为例

[J]. 教育理论与实践，2013，33（8）：53-55.

[88] 迟昊阳，赵冉，侯志瑾，等. 大学生完美主义与拖延：成就动机的中介作用 [J]. 中国临床心理学杂志，2012，20（2）：233-236.

[89] 崔文尖. 基于期望价值理论的动机相关性因素实证研究 [J]. 当代教育理论与实践，2013，5（4）：53-55.

[90] 崔小洛. 多媒体制作软件类交互式微课程设计与开发研究 [D]. 济南：山东师范大学，2015.

[91] 段朝辉. 在线视频学习中不同学习风格学习者的个性化交互活动模式及心理机制探讨：活动理论的视角 [D]. 武汉：华中师范大学，2018.

[92] 高凡. 布鲁纳认知——发现学习理论与我国新课程改革 [J]. 课程教育研究，2017（12）：36.

[93] 范春林，张大均. 学习动机研究的特点、问题及走向 [J]. 教育研究，2007（7）：71-77.

[94] 冯小燕，王志军，吴向文. 我国教育技术领域眼动研究的现状与趋势分析 [J]. 中国远程教育，2016（10）：22-29.

[95] 胡卫平. 思维型教学理论引领下创客与 STEM 融合的课程体系建构 [J]. 中国教育信息化，2019（2）：27-29，34.

[96] 胡晓红. 基于眼动追踪的在线广告效果研究 [D]. 济南：山东师范大学，2018.

[97] 高洁. 外部动机与在线学习投入的关系：自我决定理论的视角 [J]. 电化教育研究，2016（10）：64-69.

[98] 谷兰兰. 交互式视频中问题嵌入位置和反馈类型对学习的影响研究 [D]. 武汉：华中师范大学，2018.

[99] 顾立平. 个性化交互设计的研究综述 [J]. 现代图书情报技术，2010，26（11）：10-16.

[100] 管珏琪. 电子书包环境下中小学的数字化学习力研究 [D]. 上海：华东师范大学，2017.

[101] 韩佳雪. 教学视频中线索类型与学习者先前知识经验水平对其学习效果的影响 [D]. 武汉：华中师范大学，2018.

[102] 何克抗. 关于建构主义的教育思想与哲学基础——对建构主义的再认识 [J]. 现代远程教育，2004（3）：12-16.

[103] 胡勇，殷丙山. 远程教育中的交互分类研究综述 [J]. 远程教育杂志，2012（6）：100-109.

［104］黄文有．弹幕视频技术支持下的在线视频课程交互模型设计［J］．中国教育信息化，2017（14）：23-27.

［105］蒋珊珊．基于认知负荷理论的交互式多媒体学习环境设计［J］．社会心理科学，2010（6）：117-119，128.

［106］迈耶．多媒体学习［M］．牛勇，邱香，译．北京：商务印书馆，2006.

［107］李传江．学前儿童双语学习对执行功能的影响［D］．上海：华东师范大学，2018.

［108］李方．教育知识与能力［M］．北京：高等教育出版社，2011.

［109］李海峰，王炜．弹幕视频：在线视频互动学习新取向［J］．现代教育技术，2015，25（6）：12-17.

［110］李卢一，许蓉，郑燕林．ARCS 模型视角下网络学习反馈设计［J］．现代远距离教育，2013（3）：66-71.

［111］李士平．网络学习环境下基于反馈的元认知干设计与实证研究［D］．石家庄：东北师范大学，2018.

［112］李晓东，王志杰．情绪对注意的调节：基于效价还是动机？［J］．心理研究，2016，9（4）：19-26.

［113］李雪平，王余娟．初中生时间管理倾向及成就动机对学习满意度的影响［J］．中国健康心理学杂志，2009，17（3）：311-313.

［114］李雪薇．网络课程中交互式微视频的设计与应用［D］．兰州：西北师范大学，2016.

［115］李文昊．多媒体学习十讲［M］．南京：南京师范大学出版社，2015.

［116］李文静，童钰，王福兴，等．动画教学代理对多媒体学习的影响：学习者经验与偏好的调节作用［J］．心理发展与教育，2016，32（4）：453-462.

［117］李文静．教学代理在多媒体学习中的作用：来自眼动的证据［D］．武汉：华中师范大学，2016.

［118］李玉斌，闫晓甜，杜小玉．网络学习行为调控的机制及其建议［J］．现代远距离教育，2015（2）：43-47.

［119］林崇德，胡卫平．创造性人才的成长规律和培养模式［J］．北京师范大学学报（社会科学版），2012（1）：36-42.

［120］林崇德，胡卫平．思维型课堂教学的研究与实践［J］．北京师范

大学学报（社会科学版），2010（1）：29-36.

[121] 林崇德. 教育的智慧 [M]. 北京：北京师范大学出版社，2007.

[122] 林崇德. 学习与发展 [M]. 北京：北京师范大学出版社，1999.

[123] 凌黎，庄贵军. 网络交互研究综述 [J]. 情报探索，2015（3）：1-7.

[124] 刘儒德. 建构主义：知识观、学习观、教学观 [J]. 人民教育，2005（17）：9-11.

[125] 雷玉菊，张冬静，牛更枫，等. 网络学习中学习者个人特征对学习投入的影响：一个有调节的中介效应模型 [J]. 心理与行为研究，2017，15（2）：181-188.

[126] 罗书伟. 中学生价值观结构及其特点的研究 [D]. 重庆：西南大学，2007.

[127] 罗晓慧. 民国时期小学音乐教科书研究（1912-1937）[D]. 武汉：华中师范大学，2014.

[128] 马定松，周艳艳. 不同动机网络使用者对网络使用线索的注意偏向 [J]. 应用心理学，2007，13（2）：108-114.

[129] 牟智佳. MOOCs 学习参与度影响因素的结构关系与效应研究——自我决定理论的视角 [J]. 电化教育研究，2017（10）：37-43.

[130] 彭浩，王忠华，王建波. Authorware 课件中视频播放的个性化控制 [J]. 中国教育信息化，2008（4）：50-52.

[131] 皮忠玲. 视频播客呈现方式对学习效果的影响及其机制的眼动研究 [D]. 武汉：华中师范大学，2014.

[132] 钱爱平. 在线教学视频中弹幕对学习者的影响 [D]. 武汉：华中师范大学，2017.

[133] 邱晓辉. 网络学习者信息加工学习行为的分析及研究 [D]. 武汉：华中师范大学，2008.

[134] 任璐. 嵌入问题的交互视频中问题类型对学习效果的影响研究 [D]. 武汉：华中师范大学，2015.

[135] 沈夏林，周跃良. 论开放课程视频的学习交互设计 [J]. 电化教育研究，2012，33（2）：84-87.

[136] 沈兴灿. 数学思维型课堂教学研究与实践 [J]. 数学教学研究，2016，（12）：30-35.

[137] 施良方. 学习论 [M]. 北京：人民教育出版社，2001.

[138] 舒少全. 交互式教学视频中问题的反馈内容对大学生学习效果的

影响［D］. 武汉：华中师范大学，2016.

［139］宋兵. 影响远程学习者学习动机的因素分析［J］. 中国远程教育，2013（11）：62-67，96.

［140］宋晓雪. 含反思提示的交互式视频对学习者学习的影响［D］. 武汉：华中师范大学，2017.

［141］汤诗华，郭允建，朱祖林，等. 我国远程教育研究 2017 年度进展报告［J］. 远程教育杂志，2018（9）：27-36.

［142］王春梅，吕勇. 情绪的动机性对注意控制的影响［J］. 心理学探新，2016，36（4）：318-323.

［143］汪存友. 在线教学视频呈现讲解字幕有必要吗？——兼论对冗余效应边界条件的修正［J］. 电化教育研究，2016（3）：59-65.

［144］王福兴，段朝辉，周宗奎. 线索在多媒体学习中的作用［J］. 心理科学进展，2013，21（8）：1430-1440.

［145］王慧. 学习反馈与在线学习参与度关系研究［J］. 中国教育信息化，2018（4）：27-31.

［146］王继新，张屹. 远程教育原理与技术［M］. 北京：北京大学出版社，2008.

［147］王静. 成就动机与学业成就的关系：学业情绪的中介效应［D］. 郑州：郑州大学，2013.

［148］王晓丹. “P-S-k”三通道多媒体学习认知模型研究［D］. 宁波：宁波大学，2012.

［149］王雪，王志军，付婷婷，等. 多媒体课件中文本内容线索设计规则的眼动实验研究［J］. 中国电化教育，2015（5）：99-104，117.

［150］王雪，周围，王志军. 教学视频中交互控制促进有意义学习的实验研究［J］. 远程教育杂志，2018（1）：97-105.

［151］王以宁，王永锋，孔得伟. 多媒体学习中的认知心理学因素考察——来自梅耶（Mayer）的研究与实践［J］. 开放教育研究，2005，11（3）：34-37.

［152］王迎，彭华茂，黄荣怀. 远程学习者学习动机测量工具的编制与应用［J］. 开放教育研究，2006（5）：74-78.

［153］温小勇，焦中明，孔利华. 教育徽章：促进网络学习的有效工具［J］. 现代教育技术，2014，24（8）：70-77.

［154］吴慧慧. 交互型微课件的设计研究［D］. 北京：首都师范大学，

2014.

[155] 吴新年，汪云九. 视觉注意的认知和神经生物学模型 [J]. 心理学动态，1995 (3)：16-22，29.

[156] 伍岳远. 知识活动及其标准研究 [D]. 武汉：华中师范大学，2015.

[157] 夏文菁，张剑平. 基于网络的对话式教学交互及其工具运用 [J]. 远程教育志，2014，32 (4)：30-37.

[158] 谢和平，安婧，王福兴. 多媒体学习中的图文整合：同步化线索和学习者经验的作用 [J]. 心理科学，2017 (5)：1104-1110.

[159] 谢和平，王福兴，周宗奎，等. 多媒体学习中线索效应的元分析 [J]. 心理学报，2016，48 (5)：540-555.

[160] 徐碧波，李添，石希. MOOC、翻转课堂和SPOC的学习动机分析及其教育启示 [J]. 中国电化教育，2017 (9)：47-52.

[161] 杨根福. MOOC用户持续使用行为影响因素研究 [J]. 开放教育研究，2016 (1)：100-111.

[162] 杨九民，李丽，刘晓莉，等. 在线开放课程中的交互设计及其应用现状分析 [J]. 电化教育研究，2018 (11)：61-68.

[163] 杨九民. 在线视频课程中教师对学习过程与效果的影响 [D]. 武汉：华中师范大学，2014.

[164] 叶仁敏，HAGTVET. 成就动机的测量与分析 [J]. 心理发展与教育，1992，8 (2)：14-16.

[165] 尹睿，刘路莎，张梦叶，等. 国外百门大规模开放在线课程设计与开发特征的内容分析：课程视角 [J]. 电化教育研究，2015 (12)：30-37.

[166] 余慧芬. 教学视频中不同类型的线索对学习的影响研究 [D]. 武汉：华中师范大学，2017.

[167] 袁启林. 创设问题情境 引发认知冲突 建构物理概念——浅析“摩擦力”教学案例 [J]. 物理教师，2015，36 (9)：9-10.

[168] 袁新. 大学生网络学习动机信念对学习投入、元认知调节策略的影响：动机调节策略的中介作用 [D]. 武汉：华中师范大学，2014.

[169] 赵俊峰. 中学生学习过程中认知负荷的现状及其影响因素 [D]. 北京：北京师范大学，2007.

[170] 赵立影. 多媒体学习中的知识反转效应研究 [D]. 上海：华东师范大学，2014.

［171］赵祥麟，王承绪．杜威教育论著选［M］．上海：华东师范大学出版社，1981.

［172］张纲要，李紫衣．基于质性分析的MOOC高退学率归因研究［J］．电化教育研究，2018（1）：29-35.

［173］张光楠，周仁来．情绪对注意范围的影响：动机程度的调节作用［J］．心理与行为研究，2013，11（1）：30-36.

［174］张家华．网络学习的信息加工模型及其应用研究［D］．重庆：西南大学，2010.

［175］张家华，张剑平，黄丽英，等．“三分屏”网络课程界面的眼动实验研究．远程教育杂志［J］，2009（6）：74-78.

［176］张文兰，成小娟，夏小刚．中学生基于电子书包学习的动机现状及其归因分析［J］．中国电化教育，2016（7）：80-86.

［177］张屹，黄欣，谢浩泉，等．交互式微视频教学资源的研发与应用——以“教育技术学研究方法”为例［J］．电化教育研究，2013（5）：48-54.

［178］郑丽丹，张锋，马定松，等．情感性动机网络使用者对负性情绪线索的前注意偏向［J］．应用心理学，2007，13（3）：204-210.

［179］郑洁琼，陈泽宇，王敏娟，等．3G网络下移动学习的探索与实践［J］．开放教育研究，2012（1）：159-162.

［180］郑旭东，杨九民，苗浩．反思性实践的认识论：教学设计实践审视与教学设计人员成长的新视角［J］．中国电化教育，2015（5）：25-29，39.

［181］衷克定，冯菲．远程学习者外在动机内化的探索研究［J］．开放教育研究，2009，15（3）：85-88.

［182］邹菊梅．MOOC学习者的持续参与行为研究［D］．杭州：浙江大学，2017.

附　　录

附录一：基础实验中教学视频中前嵌的全部问题及答案

题目 1：以下有关卡路里说法正确的是（ B ）。

A. 卡路里是一种质量单位

B. 卡路里是一种能量单位

C. 卡路里是一种能量

D. 卡路里是一种质量

题目 2：以下有关卡路里的定义说法正确的是（ A ）。

A. 在 1 个标准大气压下，将 1 克水温度提升 1 摄氏度所需要的热量

B. 在 1 个标准大气压下，将 1 升水温度提升 1 摄氏度所需要的热量

C. 在 1 个标准大气压下，将 1 克水提高 1 米所需要的热量

D. 在 1 个标准大气压下，将 1 升水提高 1 米所需要的热量

题目 3：以下说法正确的是，通常情况下，（ A ）。

A. 食物中所含能量的卡路里数等于人体能够从中获取的能量

B. 食物中的卡路里含量与人体能够从中获得的量无关

C. 食物所含能量的卡路里数大于人体能够从中获得的量

D. 食物中所含能量的卡路里数小于食物本身所含的能量

题目 4：对于相同的食物，不同的人摄取的能量的卡路里含量数也是不同的，这是由于个体差异引起的，影响因素中包括（ ABC ）。

A. 酶水平　　B. 肠道细菌

C. 肠道长度　　D. 体内温度

附录二：先前知识经验测试问卷（含答案）

本次实验所涉及的个人信息均作为实验数据，仅用于学术，杜绝外泄，请放心填写。

姓名：____________________　学号：____________________

出生年月：______年______月　专业：____________________

电话：____________________

请根据真实情况作答。

1. 你之前学习过营养学或者相关的课程吗？

A. 有　B. 没有

2. 你对营养学或者营养话题的熟悉程度为：

1　2　3　4　5　6　7　8　9　10

不熟悉　很熟悉

3. 不熟悉或熟悉的原因是什么？

一、判断题

1. 等量的米饭和面条所含能量相等。（ × ）

2. 等量食物能量：猪肉＞鸡肉＞牛肉＞鲫鱼。（ √ ）

3. 同一个人在相同生理状况下运动相等的时间，跑步速度越快时消耗的能量越多。（ √ ）

4. 食物营养成分表中的能量是指人能够从食物中获取的能量。（ × ）

二、选择题

5. 生活中常见的能量单位表示法是（ D ）。

A. 1卡　B. 10卡　C. 1毫卡　D. 1千卡

6. 以下关于卡路里的说法正确的是（ C ）。

A. 卡路里是一种长度单位

B. 卡路里是一种质量单位

C. 卡路里是一种能量单位

D. 卡路里是一种能量

7. 维持人体基本生命活动的能量消耗称为（ B ）。

A. 体力活动耗能　　B. 基础代谢
C. 非体力活动耗能　　D. 食物热效应耗能

8. 以下哪种食物的所含能量最多（ D ）。
A. 100 克苹果　B. 100 克香蕉　C. 100 克西瓜　D. 100 克牛肉

9. （多选题）人日常消耗的能量与（ ABCD ）有关。
A. 身高　B. 体重　C. 年龄　D. 运动量
E. 饮食

10. 当人体摄入能量远多于消耗的能量时，多余的能量会存储在（ B ）中。
A. 蛋白质　B. 脂肪　C. 水　D. 无机盐
E. 维生素

11. 相同情况下，消化 100 克芹菜所消耗的能量（ B ）消化 100 克薯片所消耗的能量。
A. ＝　B. ＞　C. ＜

三、简答题

12. 卡路里的定义是什么？

参考答案：在 1 个标准大气压下，将 1 克水提升 1 摄氏度所需要的热量。

13. 卡路里和焦耳的关系是什么？

参考答案：1 大卡＝1 千卡＝4.184 千焦。

附录三：后测保持效果测验试题（含答案）

请认真完成以下题目。

一、填空题：

1. 卡路里是一种＿能量＿单位。

2. 卡路里和焦耳的转换式：＿1 大卡＝1 千卡＝4.184 千焦＿。

3. 卡路里的定义为：在 1 个标准大气压下，将＿1 克＿水温度提升＿1 摄氏度＿所需要的热量。

4. 人从食物中获取能量的影响因素主要有＿食物种类、人体所含酶水平、肠道细菌、肠道长度＿等。

二、选择题

5. 正常情况下，如果能够控制能量的收支平衡，我们就可以合理控制体重。比说法（ B ）。

A. 不正确　　B. 正确

6. 以下说法正确的是：通常情况下，（ B ）。

1. 食物中所含能量的卡路里数等于人体能够从中获取的量

2. 食物所含能量的卡路里数大于人体能够从中获得的量

C. 食物中所含能量的卡路里数小于食物本身所含的能量

D. 食物中的卡里路含量与人体能够从中获得的量无关

7. （多选题）根据黄晓学者所述，人日常能量消耗与（ ABCD ）有关。

A. 身高　　B. 体重　　C. 年龄　　D. 运动量　　E. 饮食

附录四：后测迁移效果测验试题（含答案）

一、简答题：

1. 下图是一张饼干的营养成分表，请根据图中数值计算每片饼干中所含能量的卡路里值是多少。

营养成分表
Nutrition Information

项目/Items	每100克(g)/Per 100g	营养素参考值%/NRV%
能量/Energy	1950千焦(kJ)	23%
蛋白质/Protein	10.0克(g)	17%
脂肪/Fat	20.0克(g)	33%
碳水化合物/Carbohydrate	61.0克(g)	20%
钠/Sodium	593毫克(mg)	30%
钙/Calcium	300毫克(mg)	38%
维生素D/Vitamin D	1.8微克(μg)	36%

每100克饼干含有4份(每份约5片饼干)

参考答案：1950 千焦/（4×5）＝97.5 千焦。

因为 1 千卡＝4.184 千焦，所以每片饼干的卡路里含量为：97.5/4.184 ≈ 23.3 千卡。

2. 小华日步行量为约 10000 步，如下表是他的基本信息以及他的饮食情况，请计算他每天通过饮食摄入的能量以及运动消耗的能量，如此维持一个月，他的体重会发生何种变化？变化的数值约为多少？

基本信息			
姓名	小华	年龄	18
身高	180 厘米	体重	70 千克
饮食及运动情况			
饮食	质量	运动	时长
早餐	肉包 500 克（227 卡/100 克），牛奶 150 克（54 卡/100 克）	跑步（8 千米/小时）	0.5 小时（657 卡/小时）
午餐	红烧肉 50 克（470 卡/100 克），炒西芹 50 克（36 卡/100 克），虾仁炒蛋 50 克（127 卡/100 克），荷包蛋 50 克（199 卡/100 克），米饭 150 克（116 卡/100 克），苹果 50 克（54 卡/100 克）	打篮球	0.5 小时（469 卡/小时）
晚餐	肉丝炒面 100 克（216 卡/100 克），煮鸡蛋 100 克（151 卡/100 克），汇源橙汁 100 克（46 卡/100 克）	蛙泳	0.5 小时（844 卡/小时）

参考：（男）一日能量消耗值（卡路里）＝－889.814＋0.055×步行量＋24.4945×体重（千克）＋6.504×身高（厘米）－0.839×年龄。

参考答案：小华一日基本能量消耗值（卡路里）＝－889.814＋0.055×10000＋24.945×70＋6.504×180－0.839×18＝2561.954 卡。

饮食摄入能量（卡路里）：

早餐：227×500/100＋54×150/100＝1216 卡。

午餐：470×50/100＋36×50/100＋127×50/100＋199×50/100＋116×150/100＋54×50/100＝617 卡。

晚餐：216×100/100＋151×100/100＋46×100/100＝413 卡。

三餐摄入能量：1216＋617＋413＝2246 卡。

运动消耗：657×0.5＋469×0.5＋844×0.5＝985 卡。

日卡路里消耗总量＝基本能量消耗＋运动消耗＝2561.954＋985＝3546.954 卡。

卡路里收支差＝摄入－消耗＝2246－3546.954＝－1300.954。

卡路里收支差值为负数，说明小华的卡路里摄入远小于消耗。

1300.954×30＝39028.35 卡。

39028.35/7700＝5.07 kg。

所以，一个月下来，小华大约可以减重 5.07kg。

附录五：基础实验中延迟效果测试（含答案）

一、选择题

1. 1000 千卡相当于千焦数为（ A ）。

A. 4184　　B. 4.184　　C. 0.239　　D. 239

2. 从营养学的角度来说，消耗 1 千克脂肪，需要燃烧（ B ）千卡路里。

A. 7000　　B. 7700　　C. 8700　　D. 8000

3. 在 1 个标准大气压下，将 1 升水的温度提升 5 摄氏度所需要（ D ）热量。

A. 2092 千焦　　B. 5000 千卡　　C. 2. 092 千焦　　D. 5 千卡

4. 能量单位焦耳与千卡之间的换算关系中，正确的是（ C ）。

A. 1 千卡＝0.4184 千焦　　B. 1 千焦＝239 千卡

C. 10000 焦＝239 千卡　　D. 1000 千卡＝4.184 千焦

5. （多选题）人的日常能量消耗包括（ ABC ）。

A. 基础代谢消耗　　B. 体力活动的消耗　　C. 食物消化的消耗

6. 以下关于卡路里的说法正确的是（ C ）。

A. 卡路里是一种长度单位　　B. 卡路里是一种质量单位

C. 卡路里是一种能量单位　　D. 卡路里是一种能量

二、判断题（请判断对错，对的打√，错的打×）

7. 同等质量下，苹果比西红柿包含的能量更多。（ √ ）

8. 人体消化食物需要消耗热量，有时热量会超过食物本身含有的能量。（ × ）

三、简答题

9. 以下是士力架的营养成分表：

营养素	含量（每 100 克）
热量（千卡）	489.95
脂肪（克）	23.60
纤维素（克）	0.00
碳水化合物（克）	61.70
蛋白质（克）	8.80

已知一块士力架有 240 克，7700 千卡相当于 1 千克脂肪燃烧的热量，请问：

（1）一块士力架含有多少千焦的能量？

参考答案：489.95×2.4＝1175.88 千卡。

1175.88×4.184＝4919.88192 千焦。

或者：489.95×4.184×2.4＝4919.88192 千焦。

（2）食用 10 块士力架，相当于囤积多少千克的脂肪？

参考答案：1175.88×10＝11758.8 千卡。

11758.8÷7700＝1.527 千克。

10. 小雪日步行量为约 8000 步，下表是她的基本信息以及她的饮食情况：

基本信息			
姓名	小雪	年龄	18
身高	165 厘米	体重	54 千克
饮食及运动情况			
饮食	质量	运动	时长
早餐	鸡蛋 100 克（144 千卡/100 克） 包子 200 克（280 千卡/100 克） 甜豆浆 200 克（33 千卡/100 克）	无	无
午餐	米饭 300 克（116 千卡/100 克） 花椰菜 100 克（39 千卡/100 克） 牛肉 200 克（106 千卡/100 克） 胡萝卜 50 克（38 千卡/100 克） 苹果 300 克（54 千卡/100 克）	无	无
晚餐	面条 300 克（286 千卡/100 克） 鸡蛋烙饼 100 克（244 千卡/100 克） 酸奶 150 毫升（72 千卡/100 毫升）	跑步 （8 千米/小时）	1 小时 （657 千卡/小时）

参考：女性每日能量基本消耗值（千卡）＝－2068.021＋0.052×步行量＋26.687×体重（千克）＋12.755×身高（厘米）－1.456×年龄。

请计算她每天通过饮食摄入的能量以及运动消耗的能量。如此维持一个月，请问：

（1）小雪每日能量消耗值是多少？

（2）她的体重数值变化为多少？

（3）她的体重会发生什么变化（变胖、变瘦、稳定不变）？

参考答案：

（1）－2068.021＋0.052×（8000）＋26.687×54＋12.755×160－1.456×18＝1803.669千卡。

1803.669＋657＝2460.669千卡。

（2）能量摄入：早餐：770千卡。

包子：780千卡。

晚餐：1210千卡。

总计：2760千卡。

（3）2760＞2460.669，因此，小雪会变胖。

附录六：成就动机量表

请你仔细阅读每一个题目，根据自己的实际情况做出判断。如果某个句子所描述的情况和你的情况非常符合，请在相应题号后的“非常符合”列打“√”，其余项同。

请注意：例如“我喜欢独自工作”，如果你很喜欢独自工作，但又害怕一个人做事，换句话说你对独自工作有矛盾心理，这也属于“非常符合”的情况。这里仅仅要你回答是否喜欢独自工作，而不是问你是否害怕。

	非常符合	比较符合	比较不符合	非常不符合
1. 我喜欢在我没有把握解决的问题上坚持不懈地努力。				
2. 我喜欢新奇的、有困难的任务，甚至不惜冒风险。				
3. 给我的任务即使有充裕的时间，我也喜欢立即开始工作。				
4. 面临我没有把握克服的难题时，我会非常兴奋、快乐。				
5. 我会被那些能了解自己有多大才智的工作所吸引。				
6. 我会被有困难的任务所吸引。				
7. 面对能测量我能力的机会，我感到一种鞭策和挑战。				
8. 我在完成有困难的任务时，感到快乐。				
9. 对于困难的活动，即使没有什么意义，我也很容易卷进去。				
10. 能够测量我能力的机会，对我是有吸引力的。				
11. 我希望把有困难的工作分配给我。				
12. 我喜欢尽了最大努力才能完成的工作。				
13. 如果有些事不能立刻理解，我会很快对它产生兴趣。				
14. 对于那些我不能确定是否能成功的工作，我会被吸引。				
15. 对我来说，重要的是有困难的事情，即使无人知道也无关紧要。				
16. 我讨厌在完全不能确定会不会失败的情境中工作。				
17. 在结果不明的情况下，我担心失败。				
18. 在完成我认为是困难的任务时，我担心失败，即使别人不知道也一样。				

续表

	非常符合	比较符合	比较不符合	非常不符合
19. 一想到要去做那些新奇的、有困难的工作，我就感到不安。				
20. 我不喜欢那种测量我能力的场面。				
21. 我对那些没有把握胜任的工作感到忧虑。				
22. 我不喜欢做我不知道能否完成的事，即使别人不知道也一样。				
23. 在那些测量我能力的情境中，我感到不安。				
24. 当接到需要有特定的机会才能解决的问题时，我会害怕失败。				
25. 那些看起来相当困难的事，我做的时候很担心。				
26. 我不喜欢在不熟悉的环境中工作，即使无人知道也一样。				
27. 如果有困难的工作要做，我希望不要分配给我。				
28. 我不喜欢做那些要发挥我能力的工作。				
29. 我不喜欢做那些我不知道能否胜任的事。				
30. 当我碰到我不能立即弄懂的问题时，我会焦虑不安。				

附录七：教学实践中先前知识经验测验试题（含答案）

一、单选题

1. 教学设计的学科性质，可被认为是（ C ）。

A. 理论学科　　B. 基础研究

C. 应用性很强的桥梁性学科　　D. 尚未形成学科

2. “写出词语并解释含义”，在布卢姆的目标理论中应属于（ A ）。

A. 认知学习领域　　B. 动作技能学习领域

C. 情感学习领域　　D. 无法归入上述的任一个目标领域

3. 教师通过口头语言，辅以板书、挂图、幻灯、投影或其他媒体向学生传授言语信息的教学方法称为（ C ）。

A. 演示法　　B. 讨论法　　C. 讲授法　　D. 示范模仿法

4. “一所学校或一门新专业的课程设置”属于（ A ）。

A. 以“系统”为中心的教学设计　　B. 以“课堂”为中心的教学设计

C. 以“学习”为中心的教学设计　　D. 以“产品”为中心的教学设计

二、多选题

5. 教学系统设计的理论基础包括（ ABCD ）。

A. 学习理论　　B. 教学理论　　C. 传播理论　　D. 系统理论

6. 在编写教学目标时应注意的是（ BCD ）。

A. 教学目标的主体是教师

B. 教学目标的表述要用教学的结果来表述

C. 教学目标的行为词必须是具体的

D. 教学目标的表述可以是内外结合的

7. 布鲁姆对情感领域的分类主要包括（ ABCDE ）。

A. 注意　　B. 反应　　C. 价值与价值体系的性格化

D. 组织　　E. 评价

三、名词解释

8. 先行组织者。

参考答案：是一种安排在学习任务之前呈现给学习者的引导性材料。（它比学习任务具有更高一层的抽象性和包摄性。）

9. 最近发展区。

参考答案：维果斯基的“最近发展区理论”，认为学生的发展有两种水平：一种是学生的现有水平，指独立活动时所能达到的解决问题的水平；另一种是学生可能的发展水平，也就是通过教学所获得的潜力。两者之间的差异就是最近发展区。

四、简答

10. 使用ABCD法编写一条教学目标。

参考答案：A——对象 B——行为 C——条件 D——标准。

提供10个除法的算术题，小学二年级学生能算出正确答案，准确率达90%。

历史系二年级的学生阅读所布置的7篇材料后，能撰文对两种古代文化的差异进行比较，至少列举每种古代文化的5种特征。

11. 列举一种常用的教学模式并简要概述。

参考答案：（1）课堂讲授型模式：复习旧课—激发学习动机—讲授新课—巩固练习—检查评价—间隔性复习。

（2）自主探究型模式：创设情境—提出假设—科学探究—形成结论—反思拓展。

（3）合作探究型模式：组织小组—合作探究—后续行动—活动汇报—评价反思。

（4）抛锚式教学模式：设置锚—围绕锚组织教学—鼓励自主学习和合作学习—“消解”具体的锚—效果评价。

（5）支架式教学模式：搭建脚手架—进入支架—独立探索—合作学习—效果评价。

附录八：教学实践中保持+迁移效果测验试题（含答案）

一、学习量规评价

1. 量规（ A ）面向教学过程的形成性评价工具。

A. 是　　B. 不是

2. （ A ）决定着任务、行为或者作品等质量的各个指标。

A. 评价指标　B. 评价标准　C. 定性评价　D. 水平等级

3. 量规的学习评价是以（ B ）为主体，以（ A ）为贯穿始终的。

A. 评价　　B. 学生的学习　C. 教师的指导

4. 基于量规的学习评价过程步骤依次为（ ①⑤②④③⑦⑥ ）。

①确定学习目标②呈现评价量规③学习成果展示④开展学习活动

⑤设置学习任务⑥教师评估反馈⑦开展自评互评

5. 请依照小组微课项目的内容简要设计评价量规（包含三要素）。

参考答案：三要素为评价指标、评价标准、水平等级（答出三要素可得6分，在表中体现也可）。

参考下表：

《三角形的分类》过程性评价量规

评价指标		权重	评价等级及分值				得分			
一级指标	二级指标		A（10分）	B（8分）	C（6分）	D（4分）	自评	互评	教师评	最终得分
项目准备	项目学习方案	1	项目学习方案非常完整	项目学习方案较完整	项目学习方案不完整	没有项目学习方案				
	资料收集	1	收集到的《三角形的分类》的资料很丰富	收集到的《三角形的分类》的资料较丰富	收集到的《三角形的分类》的资料较少	没有收集资料				
探究过程	情感与态度	1	参与探究活动，态度认真，有主动性、积极性，有自主精神和团队精神	态度较认真，有主动性并能协助他人进行探究性活动	态度一般，与他人合作意识不强	不参与探究活动				
	活动记录	0.5	有较详细的探究性活动记录或笔记	有探究性活动记录或笔记，但不够详细	有简略记录	没有记录				

续表

《三角形的分类》过程性评价量规										
评价指标		权重	评价等级及分值				得分			
一级指标	二级指标		A（10分）	B（8分）	C（6分）	D（4分）	自评	互评	教师评	最终得分
探究过程	完成分工情况	2	积极按时完成小组分配的探究工作	基本按时完成自己承担的责任	在他人帮助下完成自己承担的工作	没有完成小组分工				
	合作创新精神	2	与小组的成员合作意识强，并勤于动脑思考，创新精神	合作意识和创新精神有一方面较好	合作意识和创新精神都一般	不愿与他人合作				
探究结果	探究成果	1.5	能很准确、完整地给三角形分类并分析生活中一些有关三角形的数学问题	能较准确、完整地给三角形分类并分析生活中一些有关三角形的数学问题	不够完整给三角形分类并分析生活中一些有关三角形的数学问题	不能给三角形分类				
	交流体会	1	能自动对探究的结果进行交流、分享；写好探究体会	能对探究的结果进行交流、分享；写好探究体会	应付式地对探究的结果进行交流、分享；勉强写探究体会	不能对探究的结果进行交流、分享，没有写好探究体会				
说明	A：90分以上，项目学习方案设计非常完整；B：80～90分，项目学习方案设计较完整，稍微修改会更完善；C：60～70分，项目学习方案设计一般，还需要努力；D：低于60分，请继续学习，重新设计					小计				

二、学习档案评价

1. （单选题）一般情况下，评价标准主要由（ B ）制定，（ A ）参与对标准的商讨。

A. 学生　　　B. 教师　　　C. 家长

2. （多选题）学习档案的评价者包括（ ABCD ）。

A. 小组同伴　　B. 老师　　　C. 家长　　D. 非小组同伴的同学

3. （判断题）学习档案需要全程记录跟踪学生的学习、发展、反省、改进等过程。（ √ ）

4. 教师对学生的作业评价一般采取__等级＋评语__的方式进行。

5. 学习档案主要具有__反思__功能。

三、学习契约评价

1.（多选题）学习契约评价的意义有（ ABD ）。

A. 满足学生个性化需要

B. 激发学生学习动机与学习热情

C. 有利于教师对学生进行控制与管理

D. 有利于保证学习高效度、高效率地开展下去

2.（排序题）为确保学习契约评价的成功，其实施过程依次为（ ②①③⑤④ ）。

①提供范例，说明要点②明确目的③列出切实可行的学习契约

④按照契约学习，师生共同检查⑤单独沟通，修正契约

3.（判断题）学习契约评价是利用学习契约对学生在教学过程中的学习态度进行评价的方法。（ × ）

4.（判断题）学习契约具有合约属性，规定了契约签订各方的权利义务，所应承担的责任，但是不需要明文表示。（ × ）

5. 材料分析题

学习契约的样式有表格式和提纲式两种。无论哪种样式，学习契约一般包括学习者和教师双方的基本信息、学习目标、教师与学生的任务职责、保障学习契约实现的方法与手段、评价方法、未能达标的惩罚条款、学习的活动起止日期、学习者和教师签名等几项基本内容。

某小组计划进行一个主题式学习的活动，活动目的是为一年级的小朋友制作一份讲解校园植物的黑板报，经过与老师的沟通，小组决定采取学习契约的方式进行实践活动。

请结合材料以及视频中学到的知识，为该小组设计一份学习契约书。

参考答案：

用 Big6 做研究主题式学习：校园植物小记者学习契约

研究主题	校园植物小记者	
小组名称		
成员	姓名	任务分配
小组长		分配工作、组织讨论、协助组员完成工作
组员		记录讨论及观察结果

续表

组员		记录讨论及观察结果
组员		记录讨论及观察结果
报告主持人		上台报告讨论结果
纠察、记录人		讨论时的纪律维持和时间控制

为了展现我们这组对《校园植物小记者》主题的理解，我们想应用 Big6 做研究的方式，于主题探索活动结束前完成，以课件呈现搜集整理资料的历程和研究日志，制作一份校园植物解说的报道墙报，为一年级小朋友导览解说校园植物。

这项工作由我们小组成员：

(______________________________) 一起完成。

立约人签名：______________________

教师签名：________________________

二〇____年____月____日

说明：

(1) 量规保持题目 1、2、3、4。　　迁移题目 5。

(2) 档案保持题目 2、4、5。　　迁移题目 1、3。

(3) 契约保持题目 2、4。　　迁移题目 1、3、5。

后　　记

转眼间，博士已毕业两年有余，相比较于博士读书期间诸多的感慨，这两年更多是静下来认真地思考与反省。在不断反思博士学位论文研究所涉及的问题及解决思路的过程中，我还能够得到老师们持续的指导和帮助，并不断完善文稿。今天之所以能够出版，首先要感谢华中师范大学出版社提供的出版基金的大力支持，是学校出版社又给我提供了一个深入再学习的好平台。

回味漫长的博士读书生涯，先后得到杨宗凯老师、熊才平老师和杨九民老师的指导和教诲，也得到了国家数字化学习工程技术研究中心诸位老师的鼓励与鞭策。这些是我能够在工作之余坚持完成博士学业和博士论文撰写的力量源泉，他们都是在教育技术领域学识渊博且德高望重的学者、师者和长者，他们始终以对学术追求卓越的精神、对教育诲人不倦的魅力和对学生视若己出的品格，不断引导我最终完成博士期间的全部学业。

在文中研究的设计和实施过程中，得到了杨九民老师全心指导以及师弟师妹大力协助。他们无论在研究思路的设计和修订，还是在做实验过程中协助招募被试、组织参加实验、购买实验材料、开展教学实践研究和发放被试礼品、搜集整理文献，都提供不少细致的帮助。特别是杨老师在我博士毕业后，一如既往对我进行学习指导和业务支持，多次参与文稿的修订工作。

在博士论文所涉及的研究中，教学视频中前嵌问题与反馈对学习的影响研究这一题目的选择主要基于以往诸多的研究基础，发现前嵌问题的教学视频中不同的交互形式对学习的影响是一个较为新颖的研究方向，特别是还可以考虑增加一些学习者的边界条件深入开展与实验条件的交互作用研究。通过采用行为实验方法和眼动追踪技术开展嵌入问题的教学视频及其反馈的交互形式对学习者学习的研究发现，前嵌问题但不提供反馈的教学视频不仅能有效提高学习者的学习效果，还能吸引他们对视频内容的注意力分配，这是本研究的主要创新之处。为了进一步检验研究的结论，本书还通过教学实践研究进一步检验了实验研究的部分结论。

虽然，本书在研究中探索了教学视频中前嵌问题的交互形式对学习效果的促进作用，但是由于受到实验研究条件的影响，还存在一些值得未来继续深入研究的问题。首先研究样本的选取可以进一步扩大范围，增加样本数量，包括克服被试性别比例的严重失衡对实验结果的影响；还可以按照常见的抽样方式选取两个高低边界条件的被试进行研究分析，以提供实验结果的客观性、科学性。再者，未来研究应该选取诸如脑电技术、核磁共振等先进技术探究人类学习认知的内部机理。最后，还要探究对于提升高先前知识经验被试学习效果的教学设计策略，比如增加社会性指导策略，这种假设是否能够达到有效的提升效果有待进一步考察。

随着对论文研究的不断反思和文稿的整理工作推进，在本书稿正式付梓之时，除了深感庆幸，还受到颇多的触动。由于作者水平有限，书稿难免有不足之处，敬请各位读者批评指正。反思之余，能够使我清醒认识到，真正让我受益的是通过此番研究和历练将会促使我开启新的征程，激励我努力把专业所学投入今后教育教学的研究工作，再不断研究与思考，不断化作工作新的思路和方法，不断提高工作的质量和效率，以期为学校人才培养工作尽微薄之力，以感谢学校对我的教育之恩和报答老师的培养之恩。

谢耀辉

2021 年 8 月